GLOBETROTTER

D0947752

PORTUGUESE
In Your Pocket

NEW
HOLLAND

GLOBETROTTER™

First edition published in 2005
by New Holland Publishers Ltd
London • Cape Town • Sydney
• Auckland
10 9 8 7 6 5 4 3 2

website:
www.newhollandpublishers.com

Garfield House, 86 Edgware Road
London W2 2EA
United Kingdom

80 McKenzie Street
Cape Town 8001
South Africa

14 Aquatic Drive
Frenchs Forest, NSW 2086
Australia

218 Lake Road
Northcote, Auckland
New Zealand

ISBN 1 84537 100 3

Publishing Manager (UK):
Simon Pooley
Publishing Manager (SA):
Thea Grobbelaar
Designer: Lellyn Creamer
Cover Design: Nicole Bannister
Illustrator: Marisa Galloway
Editor: Thea Grobbelaar
Translator: Adelaide Morgado
Proofreader: Germano Menezes

Reproduction by Resolution, Cape Town
Printed and bound in Singapore by
Star Standard Industries (Pte) Ltd

Cover photograph:
The charming main square at Silves.

PHRASE BOOK

DICTIONARY

This PHRASE BOOK is thematically colour-coded for easy use and is organized according to the situation you're most likely to be in when you need it. The fairly comprehensive DICTIONARY section consists of two parts – English/Portuguese and Portuguese/English.

To make speaking Portuguese easy, we encourage our readers to memorize some general PRONUNCIATION rules (*see* page 8). After you have familiarized yourself with the basic tools of the language and the rudiments of Portuguese GRAMMAR (*see* page 14), all you need to do is turn to the appropriate section of the phrase book and find the words you need to make yourself understood. If the selection is not exactly what you're looking for, consult the dictionary for other options.

Just to get you started, here are some Portuguese expressions you might have heard, read or used at some time: *nada, por favor, obrigado, olá*. Even if you are unfamiliar with these words and would rather not try to say them out loud, just remain confident, follow our easy advice and practise a little, and you will soon master useful phrases for everyday life. Speak slowly and enunciate carefully and your counterpart is likely to follow suit.

Some Portuguese words, especially those ending in -al, are pronounced differently from their English equivalents (e.g. natural – *na-too-rahl*), or else changed just slightly (mayonnaise – *maionese*), though their meanings remain clear. Nowadays many English terms are used in Portuguese, especially in business, sport and leisure activities, so everyone will know what you mean when you say things like 'laptop', 'golf' and 'tennis'.

A section on HOLIDAYS AND FESTIVALS (*see* page 82) provides some background knowledge so that you know what you're celebrating and why. There's no better way to learn a language than joining in some enjoyment!

The brief section on manners, mannerisms and ETIQUETTE (*see* page 76) can help you make sense of the people around you. Make an effort to view your host country and its people tolerantly – that way you will be open to the new experience and able to enjoy it.

Learning a new language can be a wonderful but frightening experience. It is not the object of this book to teach you perfect Portuguese, but rather to equip you with just enough knowledge for a successful holiday or business trip. Luckily you are unlikely to be criticized on your grammatical correctness when merely asking for directions. The most important thing is to make yourself understood. To this end a brief section on grammar and a guide to pronunciation have been included in this book. There is, however, no substitute for listening to native speakers.

Before you leave, it might be a good idea to familiarize yourself with the sections on Pronunciation, Grammar and Etiquette. This can easily be done en route to your destination. You will also benefit from memorizing a few important phrases before you go.

The sections of the Phrase Book are arranged by topic for quick reference. Simply go to the contents list (*see* page 3) to find the topic you need. The Dictionary section (*see* page 88) goes both ways, helping you to understand and be understood.

Abbreviations have been used in those instances where one English word could be interpreted as more than one part of speech, e.g. 'smoke' (a noun, the substance coming from a fire) and 'smoke' (a verb, what one would do with a cigarette). Here is a list of these and some other abbreviations used in this book:

vb	verb
n	noun
adj	adjective
adv	adverb
prep	preposition
pol	polite
fam	familiar (informal)
elec	electric/al
med	medical
anat	anatomy
rel	religion

The gender and number of Portuguese nouns have been specified as follows:

m	masculine
f	feminine
pl	plural

Portuguese is a phonetic language, so with a bit of practice you can soon read most of it. Many letters are pronounced like the English equivalent. The English words given here contain sounds that approximate Portuguese sounds.

VOWELS
VOGAIS

◆ **a** – like the **a** in f**a**ther – *gato*
◆ **e** – like the **e** in forg**e**t – *ela*
◆ **i** – like the **ee** in m**ee**t – *filho*
◆ **o** – like the **o** in m**o**ck – *porta*
◆ **u** – like the **oo** in f**oo**t, but shorter – *tu*

NB The letter **u** following a **g** or a **q** is silent, with some exceptions like *guardar*.

ORAL DIPHTHONGS
DITONGOS ORAIS

◆ **ai** – like the **i** in b**i**te – *bailar*
◆ **ao** – like the **ow** in **ow**l – *caos*
◆ **au** – like the **ow** in **ow**l – *mau*
◆ **ei** – like the **ey** in th**ey** – *falei*
◆ **eu** – sound each vowel separately – *Europa*
◆ **ia** – like the **ya** in **ya**rd – *enviar*
◆ **oi** – like the **oy** in t**oy** – *boina*

◆ **uo** – like the **wo** in **woke** – *quota*
◆ **ui** – like the **wee** in **week** – *fui*

If a vowel is marked with an accent (e.g. á, é), it indicates that this syllable is stressed. When there is an accent over a diphthong, treat the two vowels separately, **not** as a diphthong: *seu* is a diphthong but *céu* (<u>seh</u>-*oo*) is not.

NASAL VOWELS AND DIPHTHONGS
VOGAIS E DITONGOS NASAIS

Whenever the vowels **a**, **e**, **i**, **o** and **u** precede **m** and **n**, they become nasal (*encanto*, *jardim*, *ontem*, *juntar*). If you have learned French, it is like the sound in *monter* or *environ*. If you make the sound properly through your nose, there is not much likelihood of error. The same applies to nasal vowel combinations **ão**, **ãe**, **ãi** and **õe** (*mão*, *mãe*, *cãibras*, *limões*).

CONSONANTS
CONSOANTES

◆ **b** – pronounced as in English – *baixo*
◆ **c** – before **a**, **o** and **u**, like the **k** in **keep** – *comer*
◆ **c** – before **e** and **i**, like the **s** in **silver** – *cinema*
◆ **ç** – like the **s** in **silver** – *começar*

- ◆ **ch** – like the **sh** in **sh**op – *chave*
- ◆ **g** – like the **g** in **g**et – *gato*
- ◆ **g** – before **e** and **i**, it sounds like the **s** in treasure – *gente, gigante*
- ◆ **g** – when in the combination **gu**, before **e** or **i**, the **u** is not pronounced – *guerra, guitarra*
- ◆ **h** – the letter **h** is never sounded – *homem*
- ◆ **j** – like the **s** in treasure (it precedes **a**, **o** or **u**, but hardly ever **e**) – *jardim, jóia*
- ◆ **l** – the final **l** is prolonged – *caracol*
- ◆ **lh** – like the **lli** in billiards (a liquid sound) – *melhor, milho*
- ◆ **nh** – like the **ni** in onion – *minha*
- ◆ **qu** – like the **c** in **c**at, but the **u** is not pronounced before **e** or **i** – *qual, quem*
- ◆ **r** – a soft sound, like the second **r** in rare, when between vowels – *barato*
- ◆ **r** – a harder sound, like the rolled Scottish **r** or the first **r** in rare, when doubled or at the beginning of a word – *rato, carro*
- ◆ **r** – at the end of a word or syllable the **r** is prolonged still further – *amor*
- ◆ **s** – at the beginning of a word, when doubled or after a consonant, like the **s** in **s**alt – *sonho, passo, cansaço.*
- ◆ **s** – between vowels, like the **s** in rose – *casa*

- **s** – at the end of a word or syllable, like the **sh** in **sheep** – *lápis*
- **x** – at the beginning of a word or between vowels, like the **sh** in **sheep** – *xadrêz, queixa*
- **x** – also between vowels, it can sound like the **s** in **some** – *trouxe*
- **x** – when in the prefix ex followed by a vowel, like the **z** in **zebra** – *exercício*
- **x** – when in the prefix **ex** followed by a consonant, like **ey'sh** – *explicar*
- **x** – in words of foreign derivation it should be pronounced **ks** – *taxi*
- **z** – like the **z** in **zebra** – *zanga, azul*
- **z** – at the end of a word, like **sh** – *luz*

Practise a few phrases in Portuguese (the stressed syllables are underlined):

Bom dia	**Adeus**
bong <u>dee</u>-a	*a-<u>deh</u>-oos*
Good day	Goodbye
Olá!	**Fala Inglês?**
o-<u>lah</u>	*<u>fah</u>-la in-<u>glesh</u>*
Hello!	Do you speak English?

Fale devagar, por favor
fah-le de-va-gar, por fa-vor
Please speak slowly

Não compreendo
nawng kom-pree-en-do
I don't understand

Como está?
ko-mo sh-tah
How are you? (polite)

Que tal?
ke tal
How are you? (familiar)

Bem, obrigado
beng, oh-bree-gah-do
Fine, thanks!

Quero ...
keh-ro
I'd like ...

Que disse?
ke dee-se
Pardon?

Onde estão os lavabos?
on-de sh-tawng os la-vah-bos
Where are the toilets?

Posso fazer uma chamada?
poh-so fa-zer oo-ma sha-mah-da
May I use the phone?

Quando chega o comboio?
kwan-do sheh-ga o kom-boy-oo
When does the train arrive?

Onde fica?
on-de fee-ka
Where is it?

The grammar section has deliberately been kept very brief as this is not a language course.

PERSONAL PRONOUNS
PRONOMES PESSOAIS

Subject

eu	I
tu	you (fam)
você	you (pol)
ele, ela	he/she
nós	we
vocês	you (pl fam)
os (as) senhores/as	you (pl pol)
eles/elas	they

Direct Object		Indirect Object	
me	me	(to) me	me
you	te (fam)	(to) you	te (fam)
you	o/a (pol)	(to) you	lhe (pol)
him	o	(to) him	lhe
her	a	(to) her	lhe
it	o/a	(to) it	o/a
us	nos	(to) us	nos
you	os/as (pl fam)	(to) you	vos (pl fam)
you	os/as (pl pol)	(to) you	lhes (pl pol)
them	os/as	(to) them	lhes

Reflexive Pronoun

myself	me
yourself	te (fam)
yourself	se (pol)
himself	se
herself	se
itself	se
ourselves	nos
yourselves	vos (pl fam)
yourselves	se (pl pol)
themselves	se

Possessive Pronoun

my/mine	meu/minha, meus/minhas
your/s	teu/tua, teus/tuas (fam)
your/s	seu/sua, seus/suas (pol)
his	seu/sua, seus/suas, dele
hers	seu/sua, seus/suas, dela
its	seu/sua, seus/suas
our/s	nosso/a, nossos/as
your/s	vosso/a, vossos/as (pl fam)
your/s	seus/suas (pl pol)
their/s	seus/suas, deles/delas

The gender of a pronoun refers to the gender of the object you are talking about, and not to your own gender. Whether you yourself are male or female, you would say the book (masculine) is mine (*o livro é meu*), or the house (feminine) is mine (*a casa é minha*).

When referring to parts of your body, the possessive pronoun is not used – you would say 'the hands' (*as mãos*) rather than 'my hands' (*as minhas mãos*)

VERBS
VERBOS

All verbs in their infinitive form end in -ar, -er, -ir or -or. Each verb has a stem or a root and an appropriate ending (be it -ar, -er, -ir or -or). The stem of the verb is the part that precedes the ending. For example, the verb *cantar* (to sing) can be broken up as follows: *cant-* (root) and *-ar* (ending).

The verbs that never change their stem and follow conjugation patterns are called *regulares* (about 75% of verbs), and the ones that change stem are called *irregulares* (about 25%).

Examples of REGULAR verbs, present tense:

AMAR (to love)
eu am**O**
tu am**AS**
ele/ela/você am**A**
nós am**AMOS**
vocês am**AM**
eles/elas am**AM**

TEMER (to fear)
eu tem**O**
tu tem**ES**
ele/ela/você tem**E**
nós tem**EMOS**
vocês tem**EM**
eles/elas tem**EM**

PARTIR (to leave)
eu part**O**
tu part**ES**
ele/ela/você part**E**
nós part**IMOS**
vocês part**EM**
eles/elas part**EM**

Here are some useful IRREGULAR verbs:

TER (to have)
eu tenho
tu tens
ele/ela/você tem
nós temos
vocês têm
eles/elas têm

QUERER (to want)
eu quero
tu queres
ele/ela/você quer
nós queremos
vocês querem
eles/elas querem

IR (to go)
eu vou
tu vais
ele/ela/você vai
nós vamos
vocês vão
eles/elas vão

PODER (can)

eu posso

tu podes

ele/ela/você pode

nós podemos

vocês podem

eles/elas podem

SER (to be)

eu sou

tu és

ele/ela/você é

nós somos

vocês são

eles/elas são

ESTAR (to be)

eu estou

tu estás

ele/ela/você está

ESTAR (continued)

nós estamos

vocês estão

eles/elas estão

FAZER (to make/do)

eu faço

tu fazes

ele/ela/você faz

nós fazemos

vocês fazem

eles/elas fazem

DIZER (to say)

eu digo

tu dizes

ele/ela/você diz

nós dizemos

vocês dizem

eles/elas dizem

PUNCTUATION

PONTUAÇÃO

You will be relieved to know that Portuguese punctuation is very much the same as the punctuation in English – no surprises here!

ARTICLES
ARTIGOS

Definite Article (Artigo Definido) – **the**

o	(masc. sing.)	*a*	(fem. sing.)
os	(masc. pl.)	*as*	(fem. pl.)

Examples:

o livro (the book)   *a casa* (the house)

os livros (the books)   *as casas* (the houses)

Indefinite Article (Artigo Indefinido) – **a, some**

um	(masc. sing.)	*uma*	(fem. sing.)
uns	(masc. pl.)	*umas*	(fem. pl.)

Examples:

um cão (a dog)   *uma planta* (a plant)

uns cães (some dogs)   *umas plantas*
(some plants)

ADJECTIVES
ADJECTIVOS

Adjectives usually follow the nouns they qualify
(*um livro novo* – a new book). Most adjectives
have a masculine and a feminine form (red –
vermelho/vermelha) as well as a singular and
plural form (red – *vermelhos/vermelhas*). All
adjectives agree in gender and number with
the nouns they qualify. Adjectives not ending in

-o or -a do not change into the masculine or feminine form, but do change to form plurals (*a casa grande* – the big house; *as casas grandes* – the big houses). In the plural form adjectives behave like nouns.

NOUNS
SUBSTANTIVOS

Nouns ending in **-o** are usually masculine and nouns ending in **-a** are usually feminine. To form the plural, add **-s** if the noun ends in a vowel and **-es** if the noun ends in a consonant. For those ending in **–m**, change the **–m** to **–ns**.

WORD ORDER
ORDEM DAS PALAVRAS

Portuguese word order will probably seem strange to English ears. The adjective usually comes after the noun it modifies (see page 20), but quantifying adjectives usually precede the noun (many books – *muitos livros*). The adjective also precedes the noun if you want to emphasize the adjective rather than the noun.

A question usually has exactly the same word order as a statement, but is distinguished from a statement by the question mark or intonation.

NUMBERS
NÚMEROS

0	zero (_ze_-ro)	**30**	trinta (_treen_-ta)
1	um (oom)	**31**	trinta e um (_treen_-ta-_yoom_)
2	dois (doys)	**40**	quarenta (kwa-_ren_-ta)
3	três (tresh)	**50**	cinquenta (seeng-_kwen_-ta)
4	quatro (_kwa_-tro)	**60**	sessenta (se-_sen_-ta)
5	cinco (_seeng_-ko)	**70**	setenta (se-_ten_-ta)
6	seis (saysh)	**80**	oitenta (oy-_ten_-ta)
7	sete (_se_-te)	**90**	noventa (noo-_ven_-ta)
8	oito (_oy_-to)	**100**	cem (sem)
9	nove (_noh_-ve)	**101**	cento e um (_sent_-wee-_oom_)
10	dez (desh)	**120**	cento e vinte (_sent_-wee-_veeng_-te)
11	onze (_ong_-ze)	**200**	duzentos (doo-_zen_-tos)
12	doze (_doh_-ze)	**500**	quinhentos (keen-_yen_-tos)
13	treze (_treh_-ze)	**1000**	mil (meel)
14	quatorze (ka-_tor_-ze)	**1 million**	um milhão (oom mee-_lyawng_)
15	quinze (_keen_-ze)	**1 billion**	um bilião (oom bee-_lyawng_)
16	dezasseis (de-za-_saysh_)		
17	dezassete (de-za-_seh_-te)		
18	dezoito (de-_zoy_-to)		
19	dezanove (de-za-_naw_-ve)		
20	vinte (_veeng_-te)		
21	vinte e um (_veeng_-te-_yoom_)		
22	vinte e dois (_veeng_-te-_doys_)		

23

DAYS DIAS	**public holidays** dias feriados (*dee*-yas *fer-ya*-dos)

Monday
segunda-feira (*se-goon-da fay*-ra)

Tuesday
terça-feira (*ter*-sa *fay*-ra)

Wednesday
quarta-feira (*kwar*-ta *fay*-ra)

Thursday
quinta-feira (*keen*-ta *fay*-ra)

Friday
sexta-feira (*says*-ta *fay*-ra)

Saturday
sábado (*sah*-ba-do)

Sunday
domingo (doo-*min*-go)

weekdays
dias de semana (*dee*-yas de se-*ma*-na)

weekends
fins de semana (*feens* de se-*ma*-na)

MONTHS MESES

January
Janeiro (ja-*nay*-ro)

February
Fevereiro (fe-ve-*ray*-ro)

March
Março (*mar*-so)

April
Abril (a-*breel*)

May
Maio (*mai*-oo)

June
Junho (*joo*-nio)

July
Julho (*joo*-llio)

August
Agosto (a-*gohs*-to)

September
Setembro (se-*tem*-bro)

October
Outubro (oh-*too*-bro)

November
Novembro
(noo-_vem_-bro)

December
Dezembro
(de-_zem_-bro)

TIME
HORAS

---

in the morning
de manhã (de mah-_nia_)

in the afternoon
à tarde (ah _tahr_-de)

in the evening
à noite (ah _noy_-te)

What is the time?
Que horas são?
(ke _aw_-ras sawng)

◆ **it's one o'clock**
◆ é uma hora (eh _oo_-ma
  _aw_-ra)

◆ **early**
◆ cedo (_seh_-do)

◆ **it's quarter to three**
◆ são três menos um
  quarto (sawng _tresh_
  meh-nos oom _kwar_-to)

◆ **it's half past two**
◆ são duas e meia
  (sawng _doo_-as e
  mey-a)

◆ **twenty past two**
◆ duas e vinte (_doo_-as
  e _veeng_-te)

◆ **late**
◆ tarde (_tahr_-de)

at 10 a.m. (10:00)
às dez da manhã (ahs
desh da mah-_nia_)

at 5 p.m. (17:00)
às cinco da tarde (ahs
seeng-ko da _tahr_-de)

at 9 p.m. (21:00)
às nove da noite (ahs
noh-ve da _noy_-te)

day after tomorrow
depois de amanhã
(de-_poys_ de ah- mah-_nia_)

day before yesterday
antes de ontem (_ang_-tes
de _ong_-tem)

this morning
esta manhã
(_esh_-ta mah-_nia_)

yesterday evening
ontem à tarde (*ong*-tem
ah *tahr*-de)

tomorrow morning
amanhã de manhã
(*ah-mah-nia de mah-nia*)

last night
ontem à noite (*ong*-tem
ah *noy*-te)

this week
esta semana
(*esh*-ta se-*ma*-na)

next week
a próxima semana (*a
proh*-see-ma se-*ma*-na)

now
agora (*a-goh*-ra)

**What is today's
date?**
Que dia é hoje?
(*ke dee*-ya eh *oh*-je)

It's 13 September
É treze de Setembro
(*eh treh*-ze de
se-*tem*-bro)

**yesterday, today,
tomorrow**
ontem, hoje, amanhã (*ong*-
tem, *oh*-je, ah-mah-*nia*)

GREETINGS
SAUDAÇÕES

Good morning
Bom dia (*bong dee*-a)

Good afternoon
Boa tarde
(*boh*-a *tahr*-de)

Good evening
Boa noite (*boh*-a *noy*-te)

Good night
Boa noite (*boh*-a *noy*-te)

Hello
Olá (*o-lah*)

Goodbye
Adeus (*a-deh*-oos)

Cheerio
Até à vista
(*a-teh* ah *vees*-ta)

See you soon
Até à vista
(*a-teh* ah *vees*-ta)

See you later
Até logo (*a-teh loh*-go)

Sorry! Excuse me!
Perdão! (Desculpe!)
per-*dawng* (des-*cool*-pe)

Have a good time
Divirta-se
(*dee-veer-ta-se*)

I have to go now
Tenho que ir embora
(*teh-nio ke eer
em-boh-ra*)

It was very nice
Foi muito agradável (*fo-
ye muy-to a-gra-dah-vel*)

My name is ...
Chamo-me ...
(*sha-moo-me ...*)

What is your name?
Como se chama?
(*ko-mo se sha-ma?*)

Pleased to meet you!
Prazer em conhecê-lo/a!
(*pra-zer em ko-nye-
seh-lo/la*)

How are you? (pol)
Como está?
(*ko-mo sh-tah*)

How are you? (fam)
Que tal?
(*ke tal*)

Fine, thanks. And you?
Bem, obrigado. E você?
(*beng, oh-bree-gah-do
e vo-seh*)

GENERAL
GERAL

**Do you speak
English?**
Fala Inglês?
(*fah-la in-glesh*)

I don't understand
Não compreendo
(*nawng kom-pree-en-do*)

Please speak slowly
Por favor fale devagar
(*por fa-vor fah-le
de-va-gar*)

Please repeat that
Pode repetir por favor
(*poh-de re-pe-teer por
fa-vor*)

Please write it down
Pode escrever isso por
favor (*poh-de sh-kre-ver
ee-soo por fa-vor*)

Excuse me please
Com licença
(*kong lee-sen-sa*)

Could you help me?
Pode ajudar-me? (*poh-
de ajoo-dar-me*)

Till/Cash Desk
Caixa (*kai-sha*)

Could you do me a favour?
Pode fazer-me um favor?
(*poh*-de fa-*zer*-me oom fa-*vor*)

Can you show me?
Pode mostrar-me?
(*poh*-de moos-*trar*-me)

how?
como? (*ko*-mo)

where?
onde? (*on*-de)

when?
quando? (*kwan*-do)

who?
quem? (*kehm*)

why?
porquê? (por-*keh*)

which?
qual? (*kwal*)

I need ...
preciso de ...
(pre-*see*-zoo de ...)

yes
sim (*seeng*)

no
não (*nawng*)

FORMS & SIGNS
IMPRESSOS E SINAIS

Please complete in block letters
Por favor completar em letras maiúsculas
(por fa-*vor* kom-ple-*tar* em *leh*-tras ma-*yus*-koo-las)

Surname
Apelido (a-pe-*lee*-do)

First names
Nomes (*noh*-mes)

Date of birth
Data de nascimento
(*dah*-ta de nas-see-*men*-to)

Place of birth
Lugar de nascimento
(*loo*-gar de nas-see-*men*-to)

Occupation
Profissão (proo-fee-*sawng*)

Nationality
Nacionalidade (na-see-oo-na-lee-*dah*-de)

Address
Endereço (en-de-*re*-soo)

Date of arrival
Data de chegada (_dah_-ta
de sh-_gah_-da)

Date of departure
Data de partida (_dah_-ta
de par-_tee_-da)

Passport number
Número do passaporte
(_noo_-me-ro do pah-sa-
por-te)

I.D. number
Número do documento
de identidade (_noo_-me-
ro do do-koo-_men_-to de
ee-den-tee-_dah_-de)

Issued at
Emitido em
(e-mee-_tee_-do em)

Engaged, Vacant
Ocupado, Livre (oh-koo-
pah-do, _lee_-vre)

No trespassing
Não passar (nawng
pa-_sahr_)

Out of order
Não funciona
(nawng foon-see-_yon_-a)

Push, Pull
Empurrar, Puxar (em-
poo-_rahr_, poo-_shahr_)

Please don't disturb
Por favor não incomode
(por fa-vor nawng een-
koo-moh-de)

Adults and children
Adultos e crianças (a-
dool-tos e kree-_an_-sas)

Lift/Elevator
Ascensor/Elevador (as-
sen-_sor_, ele-vah-_dor_)

Escalator
Escada rolante (es-_kah_-
da roo-_lan_-te)

Wet paint
Tinta fresca (_teen_-ta
fresh-ka)

Open, Closed
Aberto, Fechado
(a-_ber_-too, fe-_shah_-do)

Opening hours
Horas de abertura (_oh_-
ras de a-ber-_too_-ra)

Self-service
Auto-serviço
(_aw_-toh-ser-_vee_-so)

Waiting Room
Sala de espera (_sah_-la
de sh-_peh_-ra)

BUS/TRAM STOP
PARAGEM DE AUTO-CARRO/ELÉCTRICO

Where is the bus/tram stop?
Onde fica a paragem do autocarro/eléctrico?
(*on*-de *fee*-ka a pa-*rah*-gem do ow-toh-*kah*-ro/ ee-leh-*tree*-ko)

Which bus do I take?
Que autocarro devo apanhar? (ke ow-toh-*kah*-ro *deh*-vo a-pa-*nyar*)

How often do the buses go?
Com que frequência passam os autocarros? (kom ke fre-*kwen*-sya *pah*-sam os ow-toh-*kah*-ros)

When is the last bus?
A que horas passa o último autocarro? (a ke *ow*-ras *pah*-sa o *ool*-tee-mo ow-toh-*kah*-ro)

Which ticket must I buy?
Que bilhete devo comprar? (ke bee-*lye*-te *deh*-vo kom-*prahr*)

Where must I go?
Onde devo ir?
(*on*-de *deh*-vo eer)

I want to go to ....
Quero ir a ...
(*keh*-ro eer a ...)

What is the fare to...?
Quanto custa o bilhete para...? (*kwan*-to *koos*-ta o bee-*lye*-te *pa*-ra ...)

When is the next bus?
Quando passa o próximo autocarro? (*kwan*-do *pah*-sa o *proh*-see-mo ow-toh-*kah*-ro)

UNDERGROUND/ SUBWAY/METRO
METRO/ METROPOLITANO

entrance, exit
entrada, saída
(en-*trah*-da, sa-*yee*-da)

inner zone, outer zone
zona interior, zona exterior
(*zoh*-na een-ter-*yor*, *zoh*-na esh-ter-*yor*)

Where is the under-ground/subway station?
Onde fica a estação do metro? *(on-de fee-ka a sh-tah-sawng do meh-tro)*

Do you have a map for the metro?
Tem um mapa do metro? *(tehm oom mah-pa doo meh-tro)*

I want to go to ...
Quero ir a ... *(keh-ro eer a ...)*

Can you give me change?
Pode dar-me troco? *(poh-de dahr-me troh-ko)*

Which ticket must I buy?
Que bilhete devo comprar? *(ke bee-lye-te deh-vo kom-prahr)*

When is the next train?
Quando passa o próximo comboio? *(kwan-do pah-sa o proh-see-mo kom-boy-oo)*

TRAIN/RAILWAY
COMBOIO/CAMINHO DE FERRO

Where is the railway station?
Onde fica a estação de comboios? *(on-de fee-ka a sh-tah-sawng de kom-boy-oos)*

departure
partida *(par-tee-da)*

arrival
chegada *(sh-gah-da)*

Which platform?
Qual plataforma? *(kwal pla-ta-fohr-ma)*

Do you have a timetable?
Tem um horário? *(tehm oom ow-rah-ree-yo)*

A ... ticket please
Um ... bilhete, por favor *(oom ... bee-lye-te, por fa-vor)*

- ◆ **single**
- ◆ de ida *(de ee-da)*

- ◆ **return**
- ◆ de ida e volta *(de ee-da e vol-ta)*

- **child's**
- de criança
  (de kree-an-sa)

- **first class**
- primeira classe
  (pree-mey-ra klah-se)

- **second class**
- segunda classe
  (se-goon-da klah-se)

- **smoking**
- fumador *(foo-ma-dohr)*

- **non-smoking**
- não-fumador *(nawng foo-ma-dohr)*

Do I have to pay a supplement?
Devo pagar excesso? *(deh-vo pa-gahr eys-seh-so)*

Is my ticket valid on this train?
O meu bilhete é válido neste comboio? *(o me-oo bee-lye-te eh vah-lee-do nesh-te kom-boy-o)*

Where do I have to get off?
Onde devo descer? *(on-de deh-vo des-sehr)*

I want to book ...
Quero reservar ... *(keh-ro re-zer-vahr ...)*

- **a seat**
- um lugar
  (oom loo-gahr)

- **a couchette**
- um leito/uma cama
  (oom ley-to/oo-ma ka-ma)

Is this seat free?
Este lugar está vago? *(esh-te loo-gahr sh-tah vah-go)*

That is my seat
Esse é o meu lugar *(eh-sse eh o meh-oo loo-gahr)*

May I open (close) the window?
Posso abrir (fechar) a janela? *(poh-so a-breer [fe-shahr] a ja-neh-la)*

Where is the restaurant car?
Qual é a carruagem restaurante? *(kwal eh a ka-roo-ah-gem res-taw-ran-te)*

Is there a sleeper?
Há carruagem cama?
(ah ka-roo-ah-gem ka-ma)

EC – Eurocity
International express, supplement payable

IC – Intercity
Luxury international express, supplement payable

stationmaster
chefe da estação *(sheh-fe da sh-ta-sawng)*

BOATS
BARCOS

---

cruise
cruzeiro *(kroo-zey-ro)*

Can we hire a boat?
Podemos alugar um barco? *(poo-deh-mos a-loo-gahr oom bhar-ko)*

How much is a round trip?
Quanto custa uma viagem de ida e volta? *(kwan-to koos-ta oo-ma vee-ah-gem de ee-da e vol-ta)*

one ticket
um bilhete
(oom bee-lye-te)

two tickets
dois bilhetes
(doysh bee-lye-tes)

Can we eat on board?
Podemos comer a bordo? *(poo-deh-mos ko-mehr a bohr-do)*

When is the last boat?
A que horas sai o último barco? *(a ke ow-ras sah-ee o ool-tee-mo bhar-ko)*

When is the next ferry?
A que horas sai o 'ferry-boat'?
(a ke ow-ras sah-ee o ferry boat)

How long does the crossing take?
Quanto tempo leva a travessia? *(kwan-to tem-po leh-va a tra-ve-see-ya)*

Is the sea rough?
O mar está agitado?
(o mahr sh-tah a-gee-tah-do)

TAXI
TÁXI

Please order me a taxi
Por favor chame um táxi
(*Por fa-vor, sha-me oom tah-xi*)

Where can I get a taxi?
Onde posso apanhar um táxi? (*on-de poh-so a-pa-nyar oom tah-xi*)

To this address, please
A esta direcção, por favor
(*a esh-ta dee-reh-sawng, por fa-vor*)

How much is it to the centre?
Quanto custa ao centro da cidade? (*kwan-to koos-ta ah-oo sen-troo da see-dah-de*)

Keep the change
Guarde o troco
(*gwar-de o troh-ko*)

To the airport, please
Ao aeroporto, por favor
(*ah-oo a-eh-ro-por-to por fa-vor*)

To the station, please
À estação, por favor
(*ah sh-ta-sawng, por fa-vor*)

I need a receipt
Necessito um recibo
(*ne-se-see-to oom re-see-bo*)

AIRPORT
AEROPORTO

arrival
chegada
(*sh-gah-da*)

departure
partida
(*par-tee-da*)

flight number
número do voo
(*noo-me-ro do vo-ho*)

delay
demora
(*de-moh-ra*)

check-in
'check-in' (*check in*)

hand luggage
bagagem de mão (*ba-gah-gem de mawng*)

boarding card
cartão de embarque
(kar-tawng de em-bahr-ke)

gate
portão *(por-tawng)*

valid, invalid
válido, inválido *(vah-lee-do, een-vah-lee-do)*

baggage/luggage claim
reclamação de bagagens *(re-kla-ma-sawng de ba-gah-gens)*

lost property office
secção de perdidos e achados *(seh-csawng de per-dee-dos e a-shah-dos)*

Where do I get the bus to the centre?
Onde apanho o auto-carro para o centro? *(on-de a-pa-nyo o ow-toh-kah-ro pa-ra o sen-tro)*

Where do I check in for ...?
Onde faço o 'check in' para ...? *(on-de fah-so o check in pa-ra ...)*

An aisle/window seat, please
Um lugar na coxia/à janela, por favor *(oom loo-gahr na koo-she-ya/ah ja-neh-la, por fa-vor)*

Where is the gate for the flight to ...?
Qual é o portão de embarque do voo para ...? *(kwal eh o por-tawng de em-bahr-ke do vo-ho pa-ra ...)*

I have nothing to declare
Não tenho nada a declarar *(nawng the-nyo nah-da a de-kla-rahr)*

It's for my own personal use
É para meu uso pessoal *(eh pa-ra meh-oo oo-zo pe-soo-ahl)*

The flight has been cancelled
O voo foi cancelado *(o voh-oo fo-ye kan-se-lah-do)*

The flight has been delayed
O voo está atrasado *(o voh-oo sh-tah ah-tra-zah-do)*

ROAD TRAVEL/ CAR HIRE
VIAGEM POR ESTRADA/ALUGUER DE AUTOMÓVEIS

Have you got a road map?
Tem um mapa de estradas? *(tehm oom mah-pa de sh-trah-das)*

How many kilometres is it to ...?
Quantos quilómetros são até ...? *(kwan-tos kee-loh-me-tros sawng a-teh ...)*

Where is the nearest garage?
Onde fica a garagem mais próxima? *(on-de fee-ka a ga-rah-gem mai-sh proh-see-ma)*

Fill it up, please
Encha o tanque, por favor *(en-sha o tan-ke, por fa-vor)*

Please check the oil, water, battery, tyres
Por favor verifique o óleo, água, bateria, pneus *(por fa-vor ve-ree-fee-ke o oh-lyo, ah-goo-a, ba-te-ria, p-ne-oos)*

I'd like to hire a car
Quero alugar um carro *(keh-ro a-loo-gahr oom kah-ro)*

How much does it cost per day/week?
Quanto custa por dia/semana? *(kwan-to koos-ta por dee-ya/se-ma-na)*

What do you charge per kilometre?
Quanto cobram por quilómetro? *(kwan-to koh-bran por kee-loh-me-tr)*

Is mileage unlimited?
A quilometragem é ilimitada? *(a kee-loh-me-trah-gem eh ee-lee-mee-tah-da)*

Where can I pick up the car?
Onde está o carro? *(on-de sh-tah o kah-ro)*

Where can I leave the car?
Onde posso deixar o carro? *(on-de poh-so dey-shahr o kah-ro)*

garage
garagem/estação de serviço (ga-*rah*-gem/ sh-ta-*sawng* de ser-*vee*-so)

headlights
faróis (fa-*roy*-sh)

windscreen
pára-brisas (pah-ra *bree*-zas)

indicator
pisca-pisca (*peesh*-ka-*peesh*-ka)

What is the speed limit?
Qual é o limite de velocidade? (kwal *eh* o lee-*mee*-te de ve-loo-see-*dah*-de)

The keys are locked in the car
As chaves estão encerradas no carro (as *shah*-ves sh-*tawng* en-se-*rrah*-das no *kah*-ro)

The engine is overheating
O motor está quente demais (o *moo*-tor sh-*tah ken*-te de-*maish*)

Have you got ...?
Tem ...? (tehm ...)

♦ **a towing rope**
♦ um cabo de reboque (oom *kah*-bo de re-*boh*-ke)

♦ **a spanner**
♦ uma chave inglesa (*oo*-ma *shah*-ve een-*gleh*-za)

♦ **a screwdriver**
♦ uma chave de fendas (*oo*-ma *shah*-ve de *fen*-das)

ROAD SIGNS
SINAIS RODOVIÁRIOS

No through road
Rua sem saída (*roo*-a sehm sa-*yee*-da)

one-way street
rua de sentido único (*roo*-a de sen-*tee*-do oo-*nee*-ko)

entrance
entrada (en-*trah*-da)

exit
saída (sa-*yee*-da)

danger
perigo (pe-*ree*-go)

pedestrians
peões *(p-yoy-ngs)*

Keep entrance clear
Não bloquear a entrada *(nawng bloo-ke-ahr a en-trah-da)*

Residents only
Só para residentes *(soh pa-ra re-zee-den-tes)*

speed limit
limite de velocidade *(lee-mee-te de ve-loo-see-dah-de)*

stop
parar *(pa-rahr)*

No entry
Proíbida a entrada *(pro-ee-bee-da a en-trah-da)*

roundabout
rotunda *(ro-toon-da)*

Insert coins
Introduzir moedas *(in-troo-doo-zeer moo-eh-das)*

No Parking
Proíbido estacionar *(pro-ee-bee-do sh-ta-see-yoo-nahr)*

parking garage
garagem de estaciona-mento *(ga-rah-gem de sh-ta-see-yoo-na-men-to)*

supervised car park
parque de estaciona-mento controlado *(pahr-ke de sh-ta-see-yoo-na-men-to kon-troo-lah-do)*

No right turn
Proíbido voltar à direita *(pro-ee-bee-do vol-tahr ah dee-ray-ta)*

cul de sac
beco sem saída *(beh-ko sehm sa-yee-da)*

roadworks
obras na estrada *(oh-bras na sh-trah-da)*

detour
desvio *(des-vee-yo)*

Caution
Cuidado *(kwi-dah-do)*

uneven surface
piso irregular *(pee-zo e-re-goo-lahr)*

toll
portagem *(poo-rtah-gem)*

ACCOMMODATION
ALOJAMENTO

bed & breakfast
pensão *(pen-<u>sawng</u>)*

vacancies
quartos vagos *(<u>kwar</u>-tos <u>vah</u>-goos)*

Have you a room ...?
Tem um quarto ...?
(tehm oom <u>kwar</u>-to ...)

◆ **for tonight**
◆ para esta noite
  (pa-ra <u>esh</u>-ta noy-te)

◆ **with breakfast**
◆ com pequeno-almoço
  (kom pe-<u>ken</u>-o al-<u>mo</u>-so)

◆ **with bath**
◆ com banho *(kom ban-yo)*

◆ **with shower**
◆ com chuveiro *(kom shoo-<u>vey</u>-ro)*

◆ **a double room**
◆ quarto de casal
  (<u>kwar</u>-too de ca-<u>zahl</u>)

◆ **a single room**
◆ quarto individual
  (<u>kwar</u>-too in-dee-vee-doo-<u>ahl</u>)

◆ **a family room**
◆ quarto de família
  (<u>kwar</u>-too de fa-<u>mee</u>-lya)

How much is the room ...?
Quanto custa o quarto ...? *(<u>kwan</u>-too <u>koos</u>-ta o <u>kwar</u>-to)*

◆ **per day/week**
◆ por dia/semana
  (por <u>dee</u>-a/se-<u>ma</u>-na)

Have you got anything cheaper/better?
Tem algo mais barato/melhor? *(tehm <u>al</u>-goo mai-sh ba-<u>rah</u>-to/me-<u>lyo</u>-r)*

May I please see the room?
Posso ver o quarto, por favor? *(<u>poh</u>-so ver o <u>kwar</u>-to, por fa-<u>vor</u>)*

Do you have a cot?
Tem um berço? *(tehm oom <u>behr</u>-so)*

What time is breakfast/dinner?
A que horas é o pequeno almoço/o jantar? *(a ke aw-ras eh o pe-ke-no al-mo-so/jan-tahr)*

room service
serviço de quarto *(ser-vee-so de kwar-to)*

Please clean the bath
Por favor limpe a banheira *(por fa-vor leem-pe a ban-hey-ra)*

Please put fresh sheets on the bed
Por favor mude os lençóis *(por fa-vor moo-de os len-soys)*

Please don't touch ...
Por favor, não toque ... *(Por fa-vor, nawng toh-ke ...)*

♦ **my briefcase**
♦ minha pasta *(mee-nya pash-ta)*

♦ **my laptop**
♦ meu computador portátil *(me-oo kom-poo-ta-dor por-tah-teel)*

Please bring ...
Por favor traga ... *(Por fa-vor trah-ga ...)*

♦ **toilet paper**
♦ papel higiénico *(pa-pehl ee-jee-eh-nee-ko)*

♦ **clean towels**
♦ toalhas limpas *(too-ah-lyas leem-pas)*

My ... doesn't work
Meu/minha ... não funciona *(me-oo/ mee-nya ... nawng foon-see-yon-a)*

♦ **toilet**
♦ retrete/lavabo *(re-treh-te/la-vah-bo)*

♦ **bedside lamp**
♦ lâmpada de cabeceira *(lum-pa-da de ka-be-sey-ra)*

♦ **air conditioning**
♦ ar condicionado *(ahr kon-dee-see-oo-nah-do)*

There is no hot water
Não há água quente *(nawng ah ah-goo-a ken-te)*

RECEPTION
RECEPÇÃO

Are there any messages for me?
Há mensagens para mim? *(ah men-sah-gens pa-ra mee-m)*

Has anyone asked for me?
Alguém perguntou por mim? *(al-ghem per-goon-tow por mee-m)*

Can I leave a message for someone?
Posso deixar uma mensagem para alguém? *(poh-so dey-shar oo-ma men-sah-gem pa-ra al-ghem)*

Is there a laundry service?
Há serviço de lavandaria? *(ah ser-vee-so de la-van-da-ree-ya)*

I need a wake-up call at 7 o'clock
Pode acordar-me às 7 horas? *(poh-de a-koor-dar-me ahs se-te aw-ras)*

What number must I dial for room service?
Qual é o número para serviço de quarto? *(kwal eh o noo-me-ro pa-ra ser-vee-so de kwar-to)*

Where is the lift/elevator?
Onde está o elevador? *(on-de sh-tah o e-le-va-dor)*

Do you arrange tours?
Organizam excursões? *(or-ga-nee-zam esh-koor-soyns)*

Please prepare the bill
Por favor, prepare a conta *(Por fa-vor, pre-pah-re a kon-ta)*

There is a mistake in this bill
Há um erro nesta conta *(ah oom eh-ro nesh-ta kon-ta)*

I'm leaving tomorrow
Saio amanhã *(sa-yoo a-mah-nia)*

43

SELF-CATERING
ALOJAMENTO COM COZINHA

Have you any vacancies?
Há vagas?
(ah vah-gash)

How much is it per night/week?
Quanto custa por noite/semana?
(kwan-to koos-ta por noy-te/se-ma-na)

How big is it?
Qual é o tamanho?
(kwal eh o ta-ma-nyo)

Do you allow children?
Permitem crianças? *(per-mee-tem kree-an-sas)*

Please, show me how ... works
Por favor, mostre-me como funciona ... *(Por fa-vor, mos-tre-me ko-mo foon-see-oh-na)*

◆ **the cooker/stove/ oven**
◆ o fogão/o forno
  (o foo-gawng/for-no)

◆ **the washing machine**
◆ a máquina de lavar
  (a mah-kee-na de la-vahr)

◆ **the dryer**
◆ a secadora
  (a se-ka-doh-ra)

◆ **the hair-dryer**
◆ o secador de cabelo
  (o se-ka-dohr de ka-beh-lo)

◆ **the heater**
◆ o aquecedor
  (o a-keh-se-dor)

◆ **the water heater**
◆ o esquentador de água
  (o esh-ken-ta-dor de ah-goo-a)

Where is/are ...?
Onde está/estão ...? *(on-de sh-tah/sh-tawng ...)*

◆ **the keys**
◆ as chaves *(as shah-ves)*

◆ **the switch**
◆ o interruptor
  (o in-te-roop-tor)

◆ **the fuses**
◆ os fusíveis
  (os foo-zee-veys)

Is there ...?
Há ...? *(ah ...)*

◆ **a cot**
◆ um berço *(oom <u>behr</u>-so)*

◆ **a high chair**
◆ uma cadeira de criança
   *(oo-ma ka-<u>dey</u>-ra de
   <u>kree</u>-an-sa)*

◆ **a safe**
◆ um cofre
   (oom <u>kaw</u>-fre)

We need more ...
Precisamos de mais ...
*(pre-see-<u>za</u>-mos de
mai-sh)*

◆ **cutlery**
◆ talheres
   (ta-<u>lye</u>-res)

◆ **crockery**
◆ louça *(<u>low</u>-sa)*

◆ **sheets**
◆ lençóis *(len-<u>soys</u>)*

◆ **blankets**
◆ cobertores
   (koo-ber-<u>toh</u>-res)

◆ **pillows**
◆ almofadas
   (al-moo-<u>fah</u>-das)

**Is there ... in the
vicinity?**
Há ... na área?
(ah ... na <u>ah</u>-re-ya)

◆ **a shop**
◆ uma loja
   (oo-ma <u>loh</u>-ja)

◆ **a restaurant**
◆ um restaurante *(oom
   resta-oo-<u>ran</u>-te)*

◆ **a bus/tram**
◆ um autocarro/eléctrico
   *(oom aw-toh-<u>ka</u>-ro/
   e-<u>leh</u>-tree-ko)*

**We'd like to stay for
three nights/a week**
Gostaríamos de ficar por
três noites/uma semana
*(gos-ta-<u>ree</u>-ya-mos de
<u>fee</u>-kar por tre-sh <u>noy</u>-
tes/oo-ma se-<u>ma</u>-na)*

**I have locked
myself out**
Não posso entrar *(nawng
<u>poh</u>-so en-tr-<u>ahr</u>)*

**The window won't
open/close**
A janela não abre/fecha
*(a ja-<u>neh</u>-la nawng
<u>ah</u>-bre/<u>feh</u>-sha)*

45

CAMPING
ACAMPAMENTO

caravan
caravana
(ka-rah-*va*-na)

**Have you got a list
of camp sites?**
Tem uma lista dos
parques de campismo?
(tehm oo-ma *lees*-ta
dos *pahr*-kes de
kam-*pees*-mo)

**Are there any sites
available?**
Há sítios disponíveis?
(ah *see*-tee-os
dees-poo-*nee*-veys)

**How much is it
per night/week?**
Quanto custa por
noite/semana?
(kwan-to *koos*-ta por
noy-te/se-*ma*-na)

**Can we park the
caravan here?**
Podemos estacionar a
caravana aqui?
(po-*deh*-mos sh-tah-
see-yoo-nar a ka-ra-
va-na a-*kee*)

**Can we camp here
overnight?**
Podemos acampar aqui
de noite? (po-*deh*-mos
a-kam-*pahr* a-*kee* de
noy-te)

**This site is very
muddy**
Este sítio tem muita
lama (esh-te
see-tee-yo tehm
muy-ta *la*-ma)

**Is there a more
sheltered site?**
Há um sítio mais
protegido? (ah oom
see-tee-yo mai-sh
pro-te-*gee*-do)

**Do you have
electricity?**
Há electricidade?
(ah e-leh-tree-
see-*dah*-de)

**Is there ... in the
vicinity?**
Há aqui próximo ...?
(ah a-*kee*
proh-see-mo ...)

◆ **a shop**
◆ uma loja
  (oo-ma *loh*-ja)

- **a restaurant**
- um restaurante (*oom resta-oo-ran-te*)

- **an eating place**
- um lugar para comer (*oom loo-gahr pa-ra koo-mer*)

- **a garage**
- uma estação de serviço (*oo-ma sh-ta-swang de ser-vee-so*)

We'd like to stay for three nights/a week
Gostaríamos de ficar por três noites/uma semana (*gosh-ta-ree-ya-mos de fee-kar por tre-sh noy-tes/oo-ma se-ma-na*)

Is there drinking water?
Há água potável? (*ah ah-goo-a po-tah-vehl*)

Can I light a fire here?
Posso acender fogo aqui? (*poh-so a-sen-der foh-go a-kee*)

I'd like to buy fire wood
Gostaria de comprar lenha (*goos-ta-ree-ya de kom-prar le-nya*)

Is the wood dry?
A lenha está seca? (*a le-nya sh-tah seh-ka*)

Do you have ... for rent?
Tem ... para alugar? (*tehm ... pa-ra a-loo-gahr*)

- **a tent**
- uma tenda (*oo-ma ten-da*)

- **a gas cylinder**
- uma botija de gás (*oo-ma boo-tee-ja de gha-sh*)

- **a groundsheet**
- um tapete imper- meável (*oom ta-peh-te im-per-me-yah-vel*)

Where is/are the nearest ...?
Onde fica/ficam ... mais perto? (*on-de fee-ka/ fee-kam mai-sh pehr-to*)

- **toilets**
- lavabos (*la-vah-bos*)

- **sink (for dishes)**
- lava-louça (*lah-va low-sa*)

CUTLERY
CUTELARIA/TALHERES

knife
faca (*fha*-ka)

fork, cake fork
garfo, garfo de bolo
(*ghar*-fo, *ghar*-fo de
boh-lo)

spoon, teaspoon
colher, colher de chá (*koo*-
lyer, *koo*-lyer de shah)

crockery
louça (*low*-sa)

plate
prato (*prah*-to)

cup and saucer, mug
chávena e pires, caneca
(*shah*-ve-na e *pee*-res,
ka-*neh*-ka)

BREAKFAST
PEQUENO-ALMOÇO

coffee
café (ka-*feh*)

◆ **black**
◆ sem leite (sehm *lay*-te)

◆ **with milk, cream**
◆ com leite, creme
   (kom *lay*-te, *kreh*-me)

◆ **without sugar**
◆ sem açúcar (sehm
   a-*soo*-kar)

tea
chá (shah)

◆ **with milk, lemon**
◆ com leite, limão (kom
   lay-te, lee-*mawng*)

bread
pão (pawng)

rolls
pãezinhos
(payn-*zee*-nyos)

egg(s)
ovo(s) (*oh*-voos)

◆ **boiled – soft, hard**
◆ cozidos – mal, bem
   (koo-*zee*-dos, mahl,
   beng)

◆ **fried**
◆ estrelados
   (esh-tre-*lah*-dos)

◆ **scrambled**
◆ mexidos
   (me-*shee*-dos)

- **poached**
- escalfados
  (*sh-kal-fah-dos*)

- **bacon and eggs**
- *bacon* com ovos
  (*ba-con kom oh-voos*)

cereal
cereal (*se-re-ahl*)

hot milk, cold milk
leite quente, leite frio
(*lay-te ken-te, lay-te free-yo*)

fruit
fruta (*froo-ta*)

orange juice
sumo de laranja
(*soo-mo de la-ran-ja*)

jam
compota
(*kom-poh-ta*)

marmalade
compota de laranja
(*kom-poh-ta de la-ran-ja*)

pepper
pimenta (*pee-men-ta*)

salt
sal (*sahl*)

| **LUNCH/DINNER** |
| ALMOÇO/JANTAR |

Could we have a table ...?
Tem uma mesa ...?
(*tehm oo-ma meh-za*)

- **by the window**
- perto da janela
  (*pehr-to da ja-neh-la*)

- **outside**
- lá fora (*lah foh-ra*)

- **inside**
- dentro (*den-troo*)

May I have ... ?
Pode trazer-me ... ?
(*poh-de tra-zer-me ...*)

- **the wine list**
- a lista de vinhos
  (*a lees-ta de veen-yos*)

- **the menu of the day**
- a ementa do dia (*a e-men-ta do dee-ya*)

- **starters**
- entradas
  (*en-trah-das*)

- **main course**
- prato principal
  (_prah_-too preen-see-_pahl_)

- **dessert**
- sobremesa
  (soh-bre-_meh_-za)

- **the menu**
- a ementa (a e-_men_-ta)

I'll take the set menu
Eu quero a ementa fixa
(eh-oo _keh_-ro ah
e-_men_-ta _fee_-ksa)

What is this?
O que é isto?
(ke _eh_ ee-sh-to)

That is not what I ordered
Não é o que pedi
(nawng _eh_ o ke
pe-_dee_)

It's tough, cold, off
Está duro, frio, estragado
(sh-_tah_ _doo_-ro, _free_-yo,
sh-tra-_gah_-do)

What do you recommend?
Que recomenda?
(ke re-koo-_men_-da)

Can I have the bill please?
Traga-me a conta,
por favor?
(_trah_-ga-me a _kon_-ta
por fa-_vor_)

We'd like to pay separately
Queremos pagar
separadamente
(ke-_reh_-mos pa-_gahr_
se-pa-rah-da-_men_-te)

There is a mistake
Há um erro
(ah oom _eh_-rro)

Thank you, that's for you
Obrigado, é para si
(oh-bree-_gah_-do, _eh_
pa-ra _see_)

Keep the change
Guarde o troco
(_gwar_-de o _troh_-ko)

DRINKS
BEBIDAS

a beer/lager – large, small
uma cerveja – grande,
pequena (oo-ma
ser-_veh_-ja – _gran_-de,
pe-_keh_-na

glass (¼ litre) of cider
um copo (¼ litro) de sidra *(oom koh-po [¼ lee-tro] de see-dra)*

a dry white wine
um vinho branco seco *(oom vee-nyo bran-koo seh-ko)*

a sweet white wine
um vinho branco doce *(oom vee-nyo bran-ko doh-se)*

a light red wine
um vinho tinto leve *(oom vee-nyo teen-to leh-ve)*

a full-bodied red wine
um vinho tinto robusto *(oom vee-nyo teen-to roo-boos-to)*

new wine
vinho verde *(vee-nyo ver-de)*

house wine
vinho da casa *(vee-nyo da ka-za)*

a glass of wine with soda water
um copo de vinho com soda *(oom koh-po de vee-nyo kom soh-da)*

punch
ponche *(pon-sh)*

champagne
champanhe *(sham-pa-nye)*

a brandy
conhaque *(koh-nya-k)*

a whisky with ice
um uísque com gelo *(oom wee-shk kom jeh-lo)*

liqueur
licor *(lee-kor)*

a glass
um copo *(oom koh-po)*

a bottle
uma garrafa *(oo-ma ga-rah-fa)*

a mineral water – still, sparkling
uma água mineral – sem gás, com gás *(oo-ma ah-goo-a mee-ne-rall – sehm gash, kom gash)*

tap water
água da torneira *(ah-goo-a da toor-ney-ra)*

fruit juice
sumo de fruta *(soo-mo de froo-ta)*

cola and lemonade
cola e limonada (_koh_-la
e lee-moo-_nah_-da)

another ... please
outro ... por favor
(_oh_-tro ... por fa-_vor_)

too cold
muito frio (_muy_-to
free-yo)

not cold enough
não está frio suficiente
(nawng sh-_tah_ _free_-yo
soo-fee-see-_yen_-te)

FOOD
COMIDA

SOUP, CREAM SOUP
SOPA, SOPA CREME
(_soh_-pa, _soh_-pa
kreh-me)

potato soup, mush-room soup
sopa de batata, sopa
de cogumelos
(_soh_-pa de ba-_tah_-ta,
soh-pa de koo-goo-
meh-los)

cabbage soup
sopa de couve
(_soh_-pa de _koh_-ve)

pea, bean, lentil soup
sopa de ervilha, feijão,
lentilhas (_soh_-pa de
er-_vee_-lya, fey-_jawng_,
len-_tee_-lyas)

consommé
consomê (kon-soh-_meh_)

FISH
PEIXE (_pey_-sh)

sole
linguado
(leen-goo-_ah_-do)

plaice
solha (_soh_-lya)

cod
bacalhau (ba-kah-_lyaw_)

perch
perca (_pehr_-ka)

salmon
salmão (sal-_mawng_)

herring
arenque (a-_ren_-ke)

trout
truta (_troo_-ta)

turbot
pregado (pre-_gah_-do)

tuna
atum (a-_toom_)

fried, grilled, sautéed
frito, grelhado, salteado
(_free_-to, gre-_lya_-do,
sal-te-_ya_-do)

POULTRY
AVES (_ah_-ves)

chicken
galinha (ga-_lee_-nya)

**crumbed roasted
chicken**
frango assado panado
(_fran_-goo as-_sah_-do
pan-_ah_-do)

duck
pato (_pah_-to)

goose
ganso (_gan_-so)

roasted
assado (as-_sah_-do)

MEAT
CARNE (_kar_-ne)

veal
de vitela (de vee-_teh_-la)

mutton, lamb
carne de carneiro
(_kar_-ne de kar-_ney_-ro)

beef
de vaca (de _va_-ka)

pork
carne de porco (_kar_-ne
de _por_-ko)

sausage
salsicha (sal-_see_-sha)

veal sausage
salsicha de vitela (sal-
see-sha de vee-_teh_-la)

venison
carne de veado
(_kar_-ne de vee-_ya_-do)

crumbed escalopes
escalopes panados
(es-ka-_loh_-pes
pan-_ah_-dos)

meat balls/cakes
almôndegas
(al-_mon_-de-gas)

**well done, medium,
rare**
bem-passado, médio,
mal-passado (bem
pas-_sah_-do, _mehd_-yoo,
mal pas-_sah_-do)

boiled, stewed
cozido, guisado (koo-
zee-do, ghee-_sah_-do)

smoked meats
carnes fumadas
(_kar_-nes foo-_mah_-das)

platter of cold meats
prato de carnes frias
(_prah_-to de _kar_-nes
free-yas)

PASTA AND RICE
MASSA E ARROZ
(_mah_-ssa e ar-_rosh_)

pasta made with cottage cheese
massa feita com queijo
fresco (_mah_-ssa _fey_-ta
kom _key_-jo _fresh_-ko)

pasta with tomato sauce
massa com molho de
tomate (_mah_-ssa kom
moh-lyo de too-_mah_-te)

rice
arroz (ar-_rosh_)

VEGETABLES, SALAD AND FRUIT
VEGETAIS, SALADAS E
FRUTA (ve-ge-_taish_,
sa-_lah_-das e _froo_-ta)

eggplant
beringela
(be-rin-_jeh_-la)

onion
cebola (se-_boh_-la)

cabbage
couve (_koh_-ve)

cauliflower
couve-flor (koh-ve _flohr_)

carrots
cenouras (se-_no_-ras)

green beans
feijão verde (fey-_jawng_
ver-de)

leeks
alho porro (_ah_-lyo
poh-roo)

asparagus
espargos (esh-_pahr_-gos)

peppers
pimentos (pee-_men_-tos)

pumpkin
abóbora (a-_boh_-boo-ra)

potatoes – boiled, fried, mashed
batatas – cozidas, fritas,
puré (ba-_tah_-tas –
koo-_zee_-das, _free_-tas,
poo-_reh_)

lettuce
alface (al-_fah_-se)

beetroot
beterraba
(be-te-_rrah_-ba)

cucumber
pepino (pe-_pee_-no)

root celery
aipo (_ayee_-po)

lemon
limão (lee-_mawng_)

grapefruit
toranja (toh-_ran_-ja)

apples
maçãs (ma-_sangs_)

pears
pêras (_peh_-ras)

bananas
bananas (ba-_na_-nas)

pineapple
ananás (a-na-_nahs_)

cherries
cerejas (se-_reh_-jas)

strawberries
morangos
(moo-_ran_-goos)

apricots
damascos
(da-_mash_-kos)

peaches
pêssegos
(_peh_-se-goos)

raspberries
framboesas
(fram-boo-_eh_-zas)

blackberries
amoras (a-_moh_-ras)

plums
ameixas (a-_mey_-shas)

prunes
ameixas secas
(a-_mey_-shas
seh-kas)

grapes
uvas (_oo_-vas)

dried fruit
fruta seca
(_froo_-ta _seh_-ka)

**passion fruit,
grenadilla**
maracujá
(ma-ra-koo-_jah_)

cranberries
arandos
(a-_ran_-doos)

fruit salad
salada de fruta
(sa-_lah_-da de _froo_-ta)

DESSERTS AND CAKES
SOBREMESAS E BOLOS

jelly
geleia *(je-ley-ya)*

crème caramel
pudim flan
(poo-deem flan)

meringue
merengue *(meh-ren-geh)*

pastry with apples and raisins
tarte de maçã com passas *(tar-te ma-sang kom pah-ssas)*

light fruitcake
bolo leve de frutas *(boh-lo leh-ve de froo-tas)*

plain sponge with crumble topping
pão-de-ló *(pawng de loh)*

fruit flan
flan de frutas
(flan de froo-tas)

marble cake
bolo de mármore
(boh-lo de mar-moo-re)

cheesecake
bolo de queijo
(boh-lo de kay-jo)

gateau with cherries and cream
torta de cerejas e natas
(tor-ta de se-reh-jas e nah-tas)

poppyseed cake
bolo com sementes de papoila *(boh-lo kom se-men-tes de pa-poy-la)*

honey and almond tart
tarte de mel e amêndoas *(tar-te de mehl e a-men-doo-as)*

sponge cake with chocolate
bolo de chocolate *(boh-lo de shoo-koo-lah-te)*

flan with raspberry jam
flan com compota de framboesa *(flan kom kom-poh-ta de fram-boo-eh-za)*

gingerbread biscuits
biscoitos de gengibre *(beesh-koy-tos de gen-jee-bre)*

MONEY
DINHEIRO

bureau de change
agência de câmbio
*(a-gen-sya de
kam-byo)*

cash dispenser/ATM
auto-banco
(ah-oo-to ban-ko)

Where can I change money?
Onde posso trocar
dinheiro?
*(on-de poh-so troo-
kahr deen-yay-ro)*

Where is an ATM, a bank?
Onde há um auto-
banco, um banco?
*(on-de ah oom
ah-oo-to ban-ko,
oom ban-ko)*

When does the bank open/close?
Quando abre/fecha
o banco? *(kwan-do
ah-bre/feh-sha o
ban-ko)*

How much commission do you charge?
Quanto cobram de
comissão? *(kwan-to
koh-bram de koo-mee-
sawng)*

I want to ...
Quero ... *(keh-ro ...)*

- **cash a traveller's cheque**
- trocar um cheque de
viagem *(troo-kahr
oom sheh-k de
vee-ya-jaym)*

- **change £50**
- trocar cinquenta libras
*(troo-kahr sing-kwen-
ta lee-bras)*

- **make a transfer**
- fazer uma transferência
*(fah-zer oo-ma trans-
fer-en-sya)*

POST OFFICE
CORREIO

How much is ...?
Quanto custa ...?
(kwan-to koos-ta)

- **a letter**
- uma carta *(oo-ma kar-ta)*

◆ **a postcard to ...**
◆ um postal para ...
(oom posh-tahl pa-ra)

◆ **a small parcel**
◆ uma encomenda
pequena *(oo-ma en-
koo-men-da pe-keh-na)*

**Where can I buy
stamps?**
Onde posso comprar
selos? *(on-de poh-so
kom-prahr seh-los)*

SHOPPING
COMPRAS

What does it cost?
Quanto custa? *(kwan-to
koos-ta)*

**How much is it
(total)?**
Quanto é tudo?
(kwan-to eh too-do)

I need a receipt
Necessito um recibo
*(ne-se-see-to oom
re-see-bo)*

**Do you accept credit
cards?**
Aceitam cartões de
crédito? *(a-say-tam kar-
toyns de kreh-dee-to)*

**Do you take trav-
eller's cheques?**
Aceitam cheques de via-
gem? *(a-say-tam sheh-
kes de vee-ya-jaym)*

Where do I pay?
Onde devo pagar?
(on-de deh-vo pa-gahr)

**Does that include
VAT?**
O IVA está incluído?
*(o ee-va sh-tah
een-kloo-ee-do)*

**Do you need a
deposit?**
Necessita um depósito?
*(ne-se-see-ta oom
de-poh-zee-to)*

**Can you please wrap
it up for me?**
Pode embrulhar por
favor? *(poh-de em-
brool-yar por fa-vor)*

This isn't what I want
Isto não é o que quero
*(ee-sh-to nawng eh oo
ke keh-ro)*

**This isn't correct
(bill)**
Isto não está correcto
*(ee-sh-to nawng sh-tah
koo-rreh-to)*

I want my money back
Quero o meu dinheiro de volta (_keh_-ro o me-oo deen-_yay_-ro de _vol_-ta)

This is ...
Isto está ... (_ee_-sh-to sh-_tah_ ...)

◆ **broken**
◆ quebrado (ke-_brah_-do)

◆ **damaged**
◆ avariado (a-vah-ree-_ah_-do)

Can you repair it?
Pode repará-lo? (_poh_-de re-pa-_rah_-lo)

| BUYING FOOD |
| COMPRA DE COMIDA |

Where can I buy ...?
Onde posso comprar ...? (on-de _poh_-so kom-_prahr_)

◆ **bread**
◆ pão (_pawng_)

◆ **cake**
◆ bolo (_boh_-lo)

◆ **cheese**
◆ queijo (_kay_-jo)

◆ **butter**
◆ manteiga (man-_tay_-ga)

◆ **milk**
◆ leite (_lay_-te)

◆ **water**
◆ água (_ah_-goo-a)

◆ **wine**
◆ vinho (_vee_-nyo)

◆ **sparkling wine**
◆ vinho espumante (_vee_-nyo sh-_poo_-man-te)

◆ **beer**
◆ cerveja (ser-_veh_-ja)

◆ **fruit juice**
◆ sumo de fruta (_soo_-mo de _froo_-ta)

◆ **meat**
◆ carne (_kar_-ne)

◆ **ham**
◆ fiambre (fee-_yam_-bre)

◆ **polony/cold meats**
◆ carnes frias (_kar_-nes _free_-yas)

◆ **vegetables**
◆ verduras (ver-_doo_-ras)

MONEY AND SHOPPING

- **fruit**
- fruta (*froo-ta*)

- **eggs**
- ovos (*oh-voos*)

I'll take ...
Levo ... (*leh-vo*)

- **one kilo**
- um quilo (*oom kee-lo*)

- **three slices**
- três fatias (*tre-sh fa-tee-yas*)

- **a portion of**
- uma porção de (*oo-ma poor-sawng de*)

- **a packet of**
- um pacote de (*oom pa-koh-te de*)

- **a dozen**
- uma dúzia (*oo-ma doo-zya*)

BUYING CLOTHES
COMPRA DE ROUPA

Can I try this on?
Posso provar este/a?
(*poh- so proo-vahr esh-te/a*)

It is ...
É ... (*eh ...*)

- **too big**
- muito grande (*muy-to gran-de*)

- **too small**
- muito pequeno (*muy-to pe-keh-no*)

- **too tight**
- muito apertado (*muy-to a-per-tah-do*)

- **too wide**
- muito largo (*muy-to lahr-go*)

- **too expensive**
- muito caro (*muy-to kah-ro*)

I'll take ...
Levo ... (*leh-vo*)

- **this one**
- este/a (*esh-te/a*)

- **size 40**
- tamanho 40 (*ta-ma-nyo kwa-ren-ta*)

- **two**
- dois (*doys*)

CLOTHING SIZES – MEDIDAS DE ROUPA

Women's Wear

UK	Cont. Europe	USA
10	38	8
12	40	10
14	42	12
16	44	14
18	46	16

Menswear

UK	Cont. Europe	USA
36	46	36
38	48	38
40	50	40
42	52	42
44	54	44
46	56	46

Men's Shirts

UK	Cont. Europe	USA
14	36	14
14.5	37	14.5
15	38	15
15.5	39	15.5
16	41	16
17	43	17

Shoes

UK	Cont. Europe	USA
5	39	6
6	40	7
7	41	8
8	42	9
9	43	10
10	44	11
11	45	12

SIGHTSEEING
TURISMO

tourist office
Agência de turismo *(a-gen-sya de too-ree-jmo)*

Do you have brochures/leaflets?
Tem folhetos?
(tehm foo-lye-tos)

I/We want to visit ...
Queremos visitar ... *(ke-re-mosh vee-zee-tahr ...)*

When is it open/ closed?
Quando está aberto/ fechado? *(kwan-do sh-tah a-behr-to/ fe-shah-do)*

What does it cost?
Quanto custa?
(Kwan-to koos-ta)

Are there any reductions for ...?
Há descontos para ...?
(ah des-kon-toos pa-ra)

♦ **children**
♦ crianças
   (kree-an-sas)

♦ **senior citizens**
♦ pessoas idosas *(pe-soh-as ee-doh-zas)*

♦ **students**
♦ estudantes
   (sh-too-dan-tes)

Are there any tours?
Há algumas excursões?
(ah al-goo-mas esh-koor-soyngs)

When does the bus depart/return?
Quando parte/regressa o autocarro? *(kwan-do pahr-te/re-greh-ssa o ow-toh-kah-ro)*

From where does the bus leave?
Donde parte o auto-carro? *(don-de pahr-te o ow-toh-kah-ro)*

Where is the museum?
Onde fica o museu?
(on-de fee-ka o moo-zeh-oo)

How much is the entrance fee?
Quanto custa a entrada?
(kwan-to koos-ta a en-trah-da)

Is there a list of cultural events?

Há uma lista de eventos culturais? (_ah_ oo-ma _leesh_-ta de e-_ven_-tos cool-too-_rai_-sh)

Are there any festivals?

Há algum festival? (_ah_ al-_goo_-m fes-_tee_-val)

I'd like to go to ...

Gostaria de ir ... (goosh-tah-_ree_-a de _ee_-r ...)

- **the theatre**
- ao teatro (a-oo te-_ah_-tro)

- **the opera**
- à ópera (_ah_ _oh_-pe-ra)

- **the ballet**
- ao ballet (a-oo bah-_leh_)

- **the cinema/movies**
- ao cinema (a-oo see-_ne_-ma)

- **a concert**
- a um concerto (a oo-m kon-_ser_-to)

Do I have to book?

Devo reservar? (_deh_-vo re-zer-_var_)

How much are the tickets?

Quanto custam os bilhetes? (_kwan_-to _koos_-tam osh bee-_lye_-tes)

Two tickets for ...

Dois bilhetes para ... (doysh bee-_lye_-tes _pa_-ra)

- **tonight**
- hoje à noite (_oh_-ge _ah_ _noy_-te)

- **tomorrow night**
- amanhã à noite (a-mah-_nia_ _ah_ _noy_-te)

- **the early show**
- a matinée (a mah-tee-_neh_)

- **the late show**
- o último espectáculo (o _ool_-tee-mo sh-peh-_tah_-koo-lo)

When does the performance start/end?

Quando começa/termina o espectáculo? (_kwan_-do koo-_meh_-sa o sh-peh-_tah_-koo-lo)

Where is ...?
Onde há ...?
(*on*-de *ah* ...)

- **a good bar**
- um bom bar
  (*oom bo*-m *ba*-r)

- **good live music**
- boa música ao vivo
  (*boh*-a *moo*-zee-ka
  aw *vee*-vo)

Is it ...?
É/está ...? (*eh*/sh-*tah* ...)

- **expensive**
- caro (*kah*-ro)

- **noisy, crowded**
- barulhento, muito cheio
  (ba-roo-*lyen*-to,
  muy-to *shey*-yo)

How do I get there?
Como chego lá?
(*ko*-mo *sheh*-go *lah*)

SPORT
DESPORTO

Where can we ...?
Onde podemos ...?
(*on*-de poo-*deh*-mos)

- **go skiing**
- esquiar (sh-*kee*-yar)

- **play tennis/golf**
- jogar ténis/golfe (*joo*-
  gahr teh-nees/*gol*-phe)

- **go swimming**
- nadar (na-*dahr*)

- **go fishing**
- pescar (pesh-*kahr*)

- **go riding**
- andar a cavalo
  (an-*dahr* a ka-*vah*-lo)

- **go cycling**
- andar de bicicleta
  (an-*dahr* de
  bee-see-*kleh*-ta)

- **hire bicycles**
- alugar bicicletas
  (a-*loo*-gar bee-see-
  kleh-tas)

- **hire tackle**
- alugar equipamento de
  pesca (a-*loo*-gar e-kee-
  pa-*men*-to de *pe*-shka)

- **hire golf clubs**
- alugar tacos de golfe
  (a-*loo*-gar *tah*-koos
  de *gol*-phe)

- **hire skis**
- alugar esquis
  (a-*loo*-gar sh-*kees*)

- **hire a boat**
- alugar um barco
  (a-_loo_-gar oom
  bar-ko)

- **hire skates**
- alugar patins
  (a-_loo_-gar pa-_teens_)

- **hire an umbrella**
- alugar um guarda-
  chuva (a-_loo_-gar
  oom _gwar_-da-
  shoo-va)

- **hire a deck chair**
- alugar uma cadeira
  de lona (a-_loo_-gar
  oo-ma ka-_dey_-ra de
  loh-na)

How much is it ...?
Quanto custa ...?
(_kwan_-to _koos_-ta ...)

- **per hour**
- por hora (por _ow_-ra)

- **per day**
- por dia (por _dee_-ya)

- **per session/game**
- por sessão/jogo (por
  se-_sawng_/_joh_-go)

Is it ...?
É/está ...? (_eh_/sh-_tah_ ...)

- **deep**
- fundo
  (_foon_-do)

- **clean**
- limpo (_leem_-po)

- **cold**
- frio (_free_-yo)

**How do we get
there?**
Como chegamos lá?
(_ko_-mo sh-_ga_-mos _lah_)

No swimming/diving
Proíbido nadar/mergulhar
(proo-_ee_-bee-do
na-_dahr_/mer-goo-_lyar_)

Are there currents?
Há correntes?
(_ah_ koo-_rren_-tes)

**Do I need a fishing
permit?**
Necessito duma licença
de pesca? (ne-se-_see_-to
doo-ma lee-_sen_-sa de
pesh-ka)

**Where can I get
one?**
Onde posso obtê-la?
(_on_-de _poh_-so
ob-_teh_-la)

Is there a guide for walks?
Há um guia para passeios? (*ah* oom *ghee*-ya *pa*-ra pa-*sey*-osh)

Do I need walking boots?
Preciso de botas de marcha? (pre-*see*-zo de *boh*-tas de *mar*-sha)

How much is a ski pass?
Quanto custa um passe de esqui? (*kwan*-to *koos*-hta oom *pah*-sse de sh-*kee*)

Is it safe to ski today?
É seguro esquiar hoje? (*eh* se-*goo*-ro sh-*kee*-ar *oh*-ge)

Run closed
Pista encerrada (*pee*-shta en-se-*rrah*-da)

avalanches
avalanches (ava-*lan*-shes)

I'm a beginner
Sou principiante (so-oo prin-see-pee-*yan*-te)

Danger
Perigo (pe-*ree*-go)

Which is an easy run?
Qual é uma pista fácil? (kwal *eh* oo-ma *pee*-shta fah-*seel*)

My skis are too long/short
Os meus esquis são muito compridos/curtos (oos me-*oos* sh-*kees* sawng *muy*-to kom-*pree*-dos/*koor*-tos)

We want to go ...
Queremos ir ... (ke-*reh*-mos eer ...)

- ◆ hiking
- ◆ fazer caminhadas (fa-*zher* ka-mee-*nya*-das)

- ◆ sailing
- ◆ velejar (ve-le-*jahr*)

- ◆ ice-skating
- ◆ patinar no gelo (pa-*tee*-nar noo *geh*-lo)

- ◆ water-skiing
- ◆ fazer esqui aquático (fa-*zher* sh-*kee* a-*kwa*-tee-ko)

PHARMACY/ CHEMIST
FARMÁCIA

health shop
loja de medicamentos
naturais (*loh*-ja de
me-dee-ka-*men*-tos
na-too-*raish*)

Have you got something for ...?
Tem algo para ...?
(tehm *al*-goo pa-ra ...)

◆ **diarrhoea**
◆ diarreia (dee-ya-*rey*a)

◆ **cold, flu**
◆ resfriado, gripe
(res-free-*ya*-do,
gree-pe)

◆ **headache**
◆ dor de cabeça
(dohr de ka-*beh*-sa)

◆ **a sore throat**
◆ dor de garganta
(dohr de gar-*gan*-ta)

◆ **stomachache**
◆ dor de estômago
(dohr de sh-*toh*-ma-go)

◆ **car sickness**
◆ enjoo de viagem (en-*jo*-ho de vee-*ya*-jem)

I need ...
Necessito de ...
(ne-se-*see*-to de...)

◆ **indigestion tablets**
◆ comprimidos para
indigestão (kom-pree-*mee*-dos pa-ra
in-dee-jes-*tawng*)

◆ **laxative**
◆ laxante (lah-*shan*-te)

◆ **sleeping tablets**
◆ comprimidos para
dormir
(kom-pree-*mee*-dos
pa-ra dor-*meer*)

◆ **a painkiller**
◆ um analgésico (oom
annal-*jeh*-zee-ko)

Is it safe for children?
É seguro para crianças?
(*eh* se-*goo*-ro pa-ra
kree-*an*-sas)

I'm a diabetic
Sou diabético/a
(soh deeya-*beh*-tee-ko/a)

71

I have high blood pressure
Sofro de tensão alta
(soh-fro de ten-sawng al-ta)

I'm allergic to ...
Sou alérgico/a a ...
(soh a-lehr-gee-ko/a a ...)

DOCTOR
MÉDICO

I am ill
Estou doente
(shtoh doo-en-te)

I need a doctor
Preciso dum médico
(pre-see-zo doom meh-dee-ko)

He/she has a high temperature
Tem febre
(tehm feh-bre)

It hurts
Dói-me *(doy-me)*

I am going to be sick!
Vou vomitar!
(voh voo-mee-tar)

dentist
dentista *(den-tees-ta)*

I have toothache
Doem-me os dentes
(doh-em-me os den-tes)

optometrist
optometrista
(op-to-me-trees-ta)

HOSPITAL
HOSPITAL

Will I have to go to hospital?
Tenho que ir para o hospital? *(ten-yo ke eer pa-ra o hos-pee-tal)*

Where is the hospital?
Onde fica o hospital? *(on-de-fee-ka o hos-pee-tal)*

Which ward?
Qual enfermaria? *(kwal enfer-ma-ree-ya)*

When are visiting hours?
Quais são as horas de visita? *(kwaish sawng as ow-ras de vee-zee-ta)*

Where is casualty?
Onde ficam as urgências? *(on-de fee-kam as oor-gen-syas)*

POLICE
POLÍCIA

Call the police
Chame a polícia
(*sha-me a poo-lees-ya*)

I have been robbed
Fui roubado
(*fwee row-bah-do*)

My car has been stolen
Roubaram o meu carro
(*row-bah-ram o me-oo kah-roo*)

My car has been broken into
Roubaram-me coisas do carro (*row-bah-ram-me koy-zas do kah-rro*)

I want to report a theft
Quero reportar um roubo
(*keh-ro re-por-tahr oom row-bo*)

I have been attacked
Fui atacado/a
(*fwee a-ta-kah-do/a*)

I have been raped
Fui violado/a
(*fwee vee-yoo-lah-do/a*)

Where is the police station?
Onde fica a esquadra da polícia? (*on-de fee-ka a sh-kwa-dra da poo-lees-ya*)

EMERGENCIES
URGÊNCIAS

Call an ambulance
Chame uma ambulância
(*sha-me oo-ma am-boo-lans-ya*)

There's been an accident
Houve um acidente
(*oh-ve oom a-see-den-te*)

Someone is injured
Alguém está ferido
(*al-ghem sh-tah fe-ree-do*)

Hurry up!
Depressa!
(*de-preh-ssa*)

Could you please help me?
Pode ajudar-me por favor? (*poh-de a-joo-dar-me por fa-vor*)

Help!
Socorro! *(soo-koh-rro)*

This is an emergency!
É uma emergência!
(eh oo-ma ee-mer-gens-ya)

My son/daughter is missing
O meu filho/filha desapareceu
(o meh-oo feel-yo/feel-ya deza-pare-seh-oo)

I need a report for my insurance
Necessito dum relatório para o seguro
(ne-se-see-to doom re-la-toh-ree-yo pa-ra o se-goo-ro)

I want to phone my embassy
Quero chamar a minha embaixada *(keh-ro sha-mar a meen-ya em-bai-shah-da)*

I am lost
Estou perdido/a
(shtoh per-dee-do/a)

He/she is ill
Está doente
(sh-tah doo-en-te)

FIRE DEPARTMENT
BOMBEIROS

Fire!
Fogo! *(foh-go)*

Look out!
Cuidado! *(kwee-dah-do)*

Call the fire department
Chame os bombeiros
(sha-me oos bom-bay-roos)

It's an electrical fire
É um fogo eléctrico
(eh oom foh-go eleh-tree-ko)

The address is ...
O endereço é ...
(o ende-reh-so eh ...)

I need ...
Necessito de ...
(ne-se-see-to de ...)

♦ **a fire extinguisher**
♦ um extintor
   (oom eish-teen-tor)

♦ **medical assistance**
♦ assistência médica
   (a-sees-tens-ya meh-dee-ka)

THE HUMAN BODY
O CORPO HUMANO

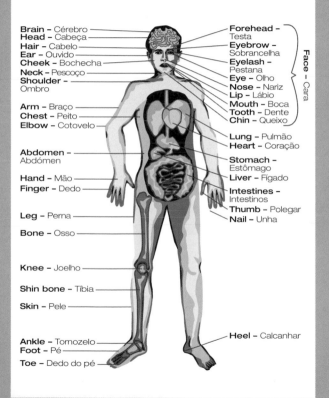

Brain – Cérebro
Head – Cabeça
Hair – Cabelo
Ear – Ouvido
Cheek – Bochecha
Neck – Pescoço
Shoulder –
Ombro

Arm – Braço
Chest – Peito
Elbow – Cotovelo

Abdomen –
Abdómen

Hand – Mão
Finger – Dedo

Leg – Perna

Bone – Osso

Knee – Joelho

Shin bone – Tíbia

Skin – Pele

Ankle – Tornozelo
Foot – Pé
Toe – Dedo do pé

Forehead –
Testa
Eyebrow –
Sobrancelha
Eyelash –
Pestana
Eye – Olho
Nose – Nariz
Lip – Lábio
Mouth – Boca
Tooth – Dente
Chin – Queixo

Face – Cara

Lung – Pulmão
Heart – Coração

Stomach –
Estômago
Liver – Fígado

Intestines –
Intestinos
Thumb – Polegar
Nail – Unha

Heel – Calcanhar

75

FORMS OF ADDRESS
RELAÇÕES SOCIAIS

There are two ways of translating the word 'you'. The formal way is *Você, o Senhor, a Senhora*. This form of address is a sign of respect, and would normally be used when addressing elderly people, teachers, bosses, shopkeepers and people you don't know very well, especially if they are older than you.

The less formal translation of 'you' is *tu* – the form generally used when addressing family, friends and people you know well. Nowadays *tu* is used more often than before.

GREETING PEOPLE
SAUDAÇÕES

When it comes to greeting each other, the Portuguese people are rather formal, and the usual form of greeting is to shake hands. This applies to both young and old people.

Hugging is also a very Portuguese custom, and men who know each other well will usually hug each other.

Kissing varies from country to country. In Portugal a greeting will usually consist of two kisses, one on each cheek, whereas in some other countries like Brazil there will be three kisses on the cheeks.

Eye contact is important, and Latinos expect you to make eye contact whenever you speak to them. In many societies it is in fact considered rude not to establish and maintain eye contact.

MANNERS
ETIQUETA

The well-known fiery Latin temperament means that Portuguese people are usually quite outspoken and direct. This same temperament also leads to rather high levels of noise. The people speak loudly, and the drivers generally hoot a lot, so don't expect an especially quiet time when visiting a Portuguese-speaking country!

But there is also the Portuguese custom of resting after lunch, and in some Portuguese-speaking countries most things come to a standstill right then, when people have a rest.

Portuguese-speaking people can be very helpful towards strangers. The more you try to talk to them, no matter how excruciating your Portuguese pronunciation is, the more they will want to help you. They may even offer to accompany you to the place you are trying to find. So it would be worth your while to learn the basics of the language before you visit a Portuguese-speaking country, whether on holiday or on a business trip. If you make the effort it will be appreciated.

COMMUNICATION
COMUNICAÇÃO

There are many Portuguese words that can't be simply and literally translated into English, for example words like *relações* (relationship), *comida* (food) or *passeio* (a walk), which have many more connotations attached to them than their literal meanings tell us.

The Portuguese phrase *dar um passeio*, for instance, literally means 'to go for a walk', but it carries with it social images such as people out for a leisurely walk with family or friends, sitting and relaxing at a sidewalk café, seeing people and in turn being seen by others. In Portuguese-speaking countries to go for a walk means something entirely different to what it means to English-speaking people.

FOOD AND MEALS
COMIDA E REFEIÇÕES

Just as the geography of the Portuguese-speaking world is very extensive, so too is its cuisine. If you talk about Portuguese food in Southern Africa, you are probably referring to Mozambican or Angolan food. But this food is quite different from the food in Portugal. Many Mozambican and Angolan dishes are spiced with piri-piri and use traditional local ingredients. In the same way, grilled chicken in Portugal can be very different from the 'churrasco' in Angola, for example, and there may yet be many differences between the food in Brazil and Portugal, even when the ingredients and names are similar.

In the Portuguese-speaking countries of Africa, cooking is essentially geared for out-doors and the spices are hot and strong. In Brazil there are many exotic spices and ingredients that other cultures and races have introduced into the culinary repertoire.

In Portugal, the food is hearty and generous, designed to sustain hard-working peasants and generate warmth to counteract the harsh winds from the Atlantic and the bitter cold of the mountains. The ingredients are simple, the food is unpretentious and based on home cooking and country dishes. The cuisine has developed from the use of local raw foods, plus a touch of the exotic derived from the importation of ingredients and spices, such as pepper, cloves, nutmeg and cinnamon, brought by explorers after the discovery of new routes to the East and the spice trade. The discovery and colonization of the New World introduced corn, bell peppers, chillies, potatoes, green and kidney beans, tomatoes, avocados, vanilla, pumpkin and others. In the southern parts of Portugal Moorish influences can be detected in the popularity of almonds and the many sweet cakes and pastries. In Madeira, dishes based on couscous indicate links with North Africa. Not surprisingly, the Portuguese make greater use of chillies and spices than other countries in Europe.

Techniques are uncomplicated and kitchens simple with little equipment and few utensils.

Meal times vary from country to country and also from season to season. Portuguese people tend to eat dinner at around 20:00, but often later, especially in summer.

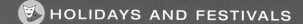

OFFICIAL HOLIDAYS
FERIADOS OFICIAIS

New Year's Day
Dia de ano novo
(1 January)
Exuberant parties and dances are held on 31 December – *a noite do ano velho* – so most people spend New Year's Day recovering.

Epiphany
Epifania do Senhor
(6 January)
A religious holiday commemorating the manifestation of Christ to the Three Kings.

Easter
Semana Santa
(March/April)
The Easter weekend includes Good Friday – *Sexta-feira Santa* – which is preceded by *Quinta-feira Santa* ('Good Thursday'), as well as Easter Sunday (*Domingo de Páscoa*) and Easter Monday (*Segunda-feira Santa*). Special Easter church services are held all over Portugal.

Liberty Day
Dia da Liberdade
(25 April)
Anniversary of the peaceful military revolution in 1974 that overthrew the fascist regime.

May Day, Labour Day
Dia do Trabalho
(1 May)
An official holiday for the workers.

Portugal Day (Camões Memorial Day)
Dia de Portugal
(10 June)
Commemorates the death of Portuguese poet Luis Vaz de

Camões (1524–1580), who is best known for his epic poem *Os Lusíadas*.

Republic Day
Dia da República
(5 October)
Commemorates the establishment of a republican form of government in 1910, when the monarchy that had been in power since the 11th century was overthrown in a bloodless revolution.

All Saints' Day
Dia de Todos os Santos
(1 November)
A religious holiday celebrated by Christians to honour all the saints.

Immaculate Conception
Imaculada Conceição
(8 December)
A religious holiday commemorating the conception of Christ.

Christmas
Natal
(25 December)
From the first Sunday of Advent private and public festivities mark this special season, leading up to the highlight of Christmas Eve (*Noite de Natal*).

REGIONAL HOLIDAYS
FERIADOS REGIONAIS

ANGOLA
National Day
Feriado Nacional
(4 February)
Anniversary of the outbreak of the armed struggle against Portuguese colonialism.

National Heroes' Day
Dia dos Heróis Nacionais
(17 September)
The birthday of Dr. Agostinho Neto.

Independence Day
Dia da Independência
(11 November)
A holiday celebrating Angola's independence, gained in 1975.

BRAZIL
Tiradentes Day
Dia do Tiradentes
(21 April)
Commemorates the execution of Joaquim José da Silva Xavier, a conspirator in the 1789 revolt against Portugal. A dentist by trade, he was nicknamed Tiradentes (tooth-puller).

Discovery Day
Dia do Descobrimento
(22 April)
Anniversary of the discovery of Brazil by Pedro Álvares Cabral in 1500.

Independence Day
Dia da Independência
(7 September)
Anniversary of Brazil's declaration of independence from Portugal by Dom Pedro II in 1822.

Republic Day
Dia da República
(15 November)
Anniversary of the proclamation of 1889, which removed Dom Pedro II from power.

MOZAMBIQUE
Heroes' Day
Dia dos Heróis
(3 February)
Anniversary of the assassination of Eduardo Mondlane

Independence Day
Dia da Independência
(25 June)
Anniversary of the day in 1975 when Frelimo took over government.

Armed Forces Day
Dia das Forças Populares de Libertação
(25 September)

Anniversary of the start of the armed struggle for liberation.

> **OTHER FESTIVITIES**
> OUTRAS CELEBRAÇÕES

Carnaval
Carnaval
(Second half of February)
Celebrated throughout Portugal, Angola, Brazil and Mozambique.

Almond Blossom Festival
Festa das Amendoeiras em Flor
(February/March)
Takes place in Torre de Moncorvo and Vila Nova de Foz Côa in the north of Portugal.

Holy Spirit Festivals
Festas do Espírito Santo
(April to September)
Celebrated on all the islands of Azores.

May Fair
Feira de Maio
(May)
Takes place in Azambuja (Lisbon Region), with bullfights at the 'Largada de Touros'.

Wine Festival
Festa do Vinho
(May)
Celebrated in Cartaxo (Lisbon Region).

Final Year Celebration
Queima das Fitas
(beginning of May)
In Coimbra (Beiras region), this celebration marks the end of the school year at one of the oldest European Universities and is the largest student happening in Portugal.

Lisbon Festivities
Festas da Cidade
(12 to 30 June)
Being the birthplace of St. Anthony, Lisbon

celebrates the saint's birth during this time.

St. John's Festival
Festas de S. João
(23 and 24 June)
The city of Porto annually commemorates this popular saint with secular traditions and customs.

Feast and Fair of Our Lady of Carmo
Festa e Feira da Senhora do Carmo (July)
A traditional religious festival and market fair in Faro (Algarve region).

Grape Harvest Festival
Festas das Vindimas (October)
In Lamego and the Douro region (in the north of Portugal). During this event, the Douro, the oldest demarcated wine region in the world, will have festivities in the entire valley.

Pilgrimage to Fatima
Peregrinação a Fátima
(12 and 13 October)
This religious festival takes place in Fátima.

St Martin's Day
Dia de São Martinho
(11th November)
This holiday is celebrated all over Portugal, in memory of the saint who on a winter's night shared his cape with a poor man. Tasting wine and eating roasted chestnuts mark the celebrations.

New Year Celebrations
Festas de Fim do Ano
(1 December)
In Funchal (Madeira) this celebration marks the beginning of the Christmas Lights.

ENGLISH → PORTUGUESE

A
abbey mosteiro m
abortion aborto m
about (approximately) cerca de, aproximadamente
above sobre
abroad no estrangeiro
abscess abcesso m
absolutely certamente, claro
accelerator acelerador m
accent acento, sotaque m
accept aceitar
accident acidente m
accommodation alojamento m
account conta f
accurate exacto/a
ache dor f
adapter adaptador m
adhesive tape fita-cola f
admission fee entrada f
adult (adj, n) adulto/a
advance, in advance avanço, adiantado
advertisement anúncio m
advice conselho m
advise aconselhar
aeroplane avião m
afraid, be afraid of receoso/a, ter medo de
after depois

afternoon tarde
afterwards depois, mais tarde
again outra vez, de novo
against contra
age idade f
agree concordar, estar de acordo
agreement acordo m
air ar m
air conditioning ar condicionado
air ticket bilhete de avião m
airmail correio aéreo
airport aeroporto m
aisle coxia, passagem f
aisle seat lugar na coxia
all right muito bem, óptimo
allow permitir, deixar
almond amêndoa f
almost quase
alone só
already já
also também
although embora, apesar de
altogether tudo junto
always sempre
a.m. (before noon) de manhã
am, I am eu sou/estou
amazing extraordinário
amber âmbar m
ambulance ambulância f

among entre
amount montante m, quantidade f
anaesthetic anestesia f
ancient velho/a
and e
angry irritado, zangado
animal animal m
ankle tornozelo m
anniversary aniversário m
annoy irritar, incomodar
annual anual
another outro/a
answer (n) resposta f
answer (vb) responder
ant formiga f
antacid antiácido
anybody alguém, qualquer pessoa
anything qualquer coisa
apartment apartamento, andar m
apology desculpa f
appendicitis apendicite f
appointment encontro marcado m
approximately aproximadamente
apron avental m
are és/está, somos/ estamos, são/estão
area área f
armchair cadeira de braços, poltrona f
arrange arranjar
arrest prender
arrival chegada f

arrive chegar
art arte f
artist artista m/f
ask perguntar
astonishing espantoso, surpreendente
at a, em
attack (n) ataque m
attack (vb) atacar
attic sótão m
audience audiência f
aunt tia f
auto-teller auto- banco m
autumn outono m
available disponível
avalanche avalancha f
avenue avenida f
average média f
avoid evitar
awake acordar
away longe, fora
awful terrível, horrível

B
baby food comida para bébés
back costas f
backache dor de costas
backpack mochila f
bacon *bacon*
bad mau/má
bag saco m, bolsa f
baggage bagagem f
baggage reclaim reclamação de bagagem

ENGLISH → PORTUGUESE

bait isca f
bakery padaria f
balcony varanda f, balcão m
ballpoint pen esferográfica f
Baltic Sea Mar Báltico
bandage ligadura f
bar of chocolate barra de chocolate
barber's shop barbearia f
bark (vb) ladrar
barn celeiro m
barrel barril m
basement cave f
basket cesto/a
bath banheira f
bathroom quarto de banho m
bay baía f
bay leaf folha de louro
be ser, estar
beach praia f
bean feijão m, fava f
beard barba f
beautiful bonito/a, lindo/a
beauty salon salão de beleza
because porque
because of por causa de
bed cama f
bed & breakfast pensão f
bed linen roupa de cama
bedspread colcha f

bee abelha f
beef carne de vaca
beer cerveja f
before antes, antes de
beginner principiante m/f
behind atrás
Belgian (adj, n) Belga m/f
Belgium Bélgica
believe acreditar
bell campainha f, sino m
below em baixo
belt cinto m
bend dobrar
beside junto a
bet apostar
better melhor
beyond para além de
bicycle bicicleta f
big grande
bill conta f
bin caixa do lixo
binoculars binóculos m
bird pássaro m
birth nascimento m
birth certificate certidão de nascimento
birthday dia de anos
birthday card cartão de parabéns m
birthday present presente de anos m
biscuit biscoito m
bit um pouco
bite (vb) morder
black preto/a
blackcurrant groselha negra f

blanket manta f, cobertor m
bleach (vb) branquear
bleed sangrar
blind (n) persiana f
blind (adj) cego/a
blister bolha de água f
block of flats edifício de apartamentos
blocked bloqueado/a
blood sangue m
blood pressure tensão arterial
blouse blusa f
blow-dry secar
blue azul
blunt rombo/a, embotado/a
blusher rouge m
boar javali m
boarding card cartão de embarque
boarding house pensão f
boat barco m
boat trip viagem de barco
body corpo m
boil (n) furúnculo m
boil (vb) ferver
bone osso m
bonnet (car) capot m
book livro m
bookshop livraria f
boots botas f
border margem f, fronteira f
boring aborrecido/a

born nascido/a
borrow pedir emprestado
both ambos, os dois
bottle garrafa f
bottle opener abridor de garrafas, saca-rolhas
bottom (at the) no fundo
bow tie laço-gravata m
bowl taça f
box caixa f
boy rapaz m
boyfriend namorado m
bra soutien m
bracelet pulseira f
brake (n) travão m
brake fluid óleo dos travões
brake light luz dos travões
branch (office) filial f
brand marca f
brandy aguardente f, conhaque m
bread pão m
break quebrar
breakable frágil m/f
breakdown (of car) avaria f
breakdown van pronto-socorro m
breakfast pequeno-almoço m
break-in roubo m
breast seio m, peito m
breathe respirar
breeze brisa f

ENGLISH → PORTUGUESE

brewery fábrica de cerveja
brick tijolo m
bride noiva f
bridegroom noivo m
bridge ponte f
briefcase pasta f
bright brilhante
bring trazer
bring in introduzir
brochure panfleto m
broken quebrado/a
bronchitis bronquite
brooch broche m
broom vassoura f
brother irmão m
brother-in-law cunhado m
brown castanho
bruise (n) ferida f
brush escova f
Brussels Bruxelas
bucket balde m
buffet car vagão-restaurante
buggy carrinho de criança
build construir
building edifício m
bulb (light) lâmpada f
bulb (plant) bolbo m
bumper pára-choques mpl
bun pãozinho m
bunch molho, cacho m
bureau de change serviço de câmbio
burglar ladrão/ladroa m/f

burglary assalto, roubo m
burn queimar
burst rebentar
bus autocarro m
bus stop paragem de autocarro
bush arbusto m
business negócios mpl
business trip viagem de negócios
busy ocupado/a
but mas
butcher carniceiro/a m/f
butter manteiga f
butterfly borboleta f
button botão m
buy comprar
by por
bypass (road) desvio m

C
cab táxi m
cabbage couve f
cabin cabina f
cable car teleférico m
cake bolo m
cake shop pastelaria f
calculator calculadora f
calf vitela/o
call (n) chamada f
call (vb) chamar
calm calma
camp (vb) acampar
camp site parque de campismo
can (n) lata f

can (vb) poder
can opener abre-latas m
Canada Canadá
canal canal m
cancel cancelar
cancellation cancelamento m
cancer cancro m
candle vela f
candy bombons, rebuçados m
canoe canoa f
cap boné, gorro m
capital (city) capital f
capital (money) capital m
car carro, automóvel m
car ferry barca para carros f
car hire aluguer de carros
car insurance seguro de carros
car keys chaves do carro
car parts peças do carro
car wash lavagem de carros
caravan caravana f
caravan site parque de campismo
carburettor carburador m
card cartão m
cardboard cartão, papelão m

cardigan casaco de lã m
careful! cuidado!
caretaker porteiro/a
carpenter carpinteiro m
carpet carpete f
carriage vagão m
carrier bag bolsa f, saco m
carrot cenoura f
carry carregar
carry-cot berço portátil m
carton caixa de cartão f
case caso m, caixa f
cash dinheiro de contado
cash desk caixa f
cash dispenser auto-banco m
cash register máquina registadora
cashier caixa m
cassette cassete f
castle castelo m
casualty department urgências
cat gato/a m/f
catch apanhar
cathedral catedral f
Catholic católico/a m/f
cauliflower couve-flor f
cave caverna f, gruta f
CD player leitor de CDs, centro musical
ceiling tecto m
celery aipo m
cellar cave f, adega f

cemetery cemitério m
Centigrade
centígrado m
centimetre
centímetro m
central heating
aquecimento central
central locking
fechadura central
centre centro m
century século m
certain certo
certainly certamente,
claro
certificate certificado m
chair cadeira f
chair lift cadeira
elevadora f
chambermaid criada
de quarto
champagne
champanhe m
change (n) troco m
change (vb) trocar
changing room
vestiário m
channel canal m
chapel capela f
charcoal carvão m
charge carregar
charge card cartão
de crédito
charter flight
voo fretado
cheap barato/a
cheap rate taxa
reduzida f
cheaper mais barato

check (vb) registar,
conferir
check in fazer o registo
cheek bochecha f,
atrevimento m
Cheers! Viva!
cheese queijo m
chef cozinheiro/a m/f
chemist
farmacêutico/a m/f
cheque cheque m
cheque book livro de
cheques
cheque card cartão de
identidade bancário
cherry cereja f
chess xadrêz m
chest peito m
chest of drawers
cómoda f
chestnut castanha f
chewing gum pastilha
elástica, goma de mascar
chicken galinha f,
frango m
chicken pox varicela f
child criança f
child car seat cadeira
de carro para crianças
chimney chaminé f
chin queixo m
China China
china porcelana f
chips batatas fritas fpl
chives cebolinho m
chocolate chocolate m
chocolates
bombons mpl

choir coro m
choose escolher
chop cortar
Christian name nome de baptismo
Christmas Natal m
Christmas Eve Noite de Natal
church igreja f
cider sidra f
cigar charuto m
cigarette cigarro m
cigarette lighter isqueiro m
cinema cinema m
circle círculo m
cistern cisterna f
citizen cidadão m, cidadã f
city cidade f
city centre centro da cidade
class classe f
clean (adj) limpo/a
clean (vb) limpar
cleaning solution detergente m
cleansing lotion loção de limpeza
clear (adj) claro/a
clever esperto/a, inteligente
client cliente m/f
cliff penhasco m, falésia f
climate clima m
climb subir

cling film plástico para envolver
clinic clínica f
cloakroom vestiário m, sanitários m
clock relógio m
closed encerrado/a
cloth tecido m, pano m
clothes roupas fpl
clothes line corda de estender a roupa
clothes peg mola da roupa
clothing roupa f
cloud nuvem f
clutch (car) embraiagem f
coach carruagem f, coche m
coal carvão m
coast costa f
coastguard guarda costeira
coat casaco m
coat hanger cabide m
cockroach barata f
cocoa cacau m
coconut coco m
cod bacalhau m
code código m
coffee café m
coil (contraceptive) DIU (dispositivo intra-uterino)
coil (rope) corda enrolada
coin moeda f
Coke Coca Cola f

ENGLISH → PORTUGUESE

colander coador m
cold frio/a
collapse (vb) ter um colapso
collar gola f, colarinho m
collarbone clavícula f
colleague colega m/f
collect receber, cobrar
collect call chamada paga pelo destinatário
colour cor f
colour blind daltónico/a
colour film filme a cores
comb (n) pente m
comb (vb) pentear
come vir
come back voltar, regressar
come in entrar, chegar
comedy comédia f
comfortable confortável
company companhia f
compartment compartimento m
compass bússola f
complain queixar-se
complaint queixa f
completely completamente
composer compositor/a m/f
compulsory obrigatório/a
computer computador m
concert concerto m
concession concessão f

concussion comoção violenta
condition condição f
condom preservativo m
conference conferência f
confirm confirmar
confirmation confirmação f
confused confuso/a
Congratulations! Parabéns! Felicitações!
connecting flight voo de ligação
connection (elec) conexão f
connection (phone) ligação telefónica f
conscious consciente
constipated com prisão de ventre, obstipado/a
consulate consulado m
contact contacto m
contact lenses lentes de contacto
continue continuar
contraceptive contraceptivo m
contract contrato m
convenient conveniente
cook (n) cozinheiro/a m/f
cook (vb) cozinhar
cooker fogão m
cookie biscoito m, bolacha f
cooking utensils utensílios de cozinha

ENGLISH → PORTUGUESE

cool fresco/a
cool bag, cool box caixa frigorífica
copy (n) cópia f
copy (vb) copiar
cork cortiça f, rolha f
corkscrew saca-rolhas m
corner esquina f
correct (adj) correcto/a
corridor corredor m
cost custo m
cot berço m, cama de criança
cotton algodão m
cotton wool algodão hidrófilo
couch sofá m
couchette liteira f
cough (n) tosse f
cough (vb) tossir
cough mixture xarope contra a tosse
Could I? Poderia? Posso?
couldn't não poderia
counter balcão m
country país m
countryside campo m, região rural
couple casal m
courier service serviço de entrega/courier
course curso m
cousin primo/a m/f
cover charge entrada f

cow vaca f
crab caranguejo m
craft artesanato m
cramp cãibra f
crash (vb) chocar
crash helmet capacete m
crazy tolo/a, louco/a
cream creme m
crèche infantário m
credit card cartão de crédito
crime crime m
crisps batatas fritas fpl
crockery louça f
cross (n) cruz f
cross (vb) cruzar, atravessar
crossing cruzamento m
crossroads encruzilhada f
crossword puzzle palavras cruzadas fpl
crowd multidão f
crowded repleto/a
crown coroa f
cruise cruzeiro m
crutches muletas fpl
cry (n) grito
cry (vb) chorar
cucumber pepino m
cufflinks botões de punho mpl
cup chávena f, taça f
cupboard armário m
curly encaracolado/a
currency moeda f
current corrente

ENGLISH → PORTUGUESE

ENGLISH → PORTUGUESE

curtain cortina f
cushion almofada f
custard creme de pasteleiro
custom costume m
customer cliente m/f
customs alfândega f
cut cortar
cutlery talheres mpl
cycle (vb) andar de bicicleta
cycle track velódromo m
cyst quisto m
cystitis cistite f
Czech Republic República Checa

D
daily diariamente
damage (n) dano m
damp (n) humidade f
dance (vb) dançar
danger perigo **(n)**
dangerous perigoso/a
dark escuro/a
date (appointment) encontro m
date (fruit) tâmara f
date (of year) data f
date of birth data de nascimento
daughter filha f
daughter-in-law nora f
dawn amanhecer m
day dia m
dead morto/a
deaf surdo/a

deal tratado m
dear querido/a
death morte f
debts dívidas fpl
decaffeinated descafeinado/a
December Dezembro
decide decidir
decision decisão f
deck chair cadeira de pátio
deduct deduzir
deep profundo/a
definitely claro, definitivamente
degree (measure-ment) grau m
degree (qualification) título m, posição social
delay demora f
deliberately deliberadamente
delicious delicioso/a
deliver entregar
delivery entrega f
Denmark Dinamarca
dental floss fita/cinta dental f
dentist dentista m/f
dentures dentaduras fpl
depart partir
department secção f
department store grande armazém
departure partida f
departure lounge sala de embarque
deposit depósito m

describe descrever
description descrição f
desert deserto m
desk secretária f
dessert sobremesa f
destination destino m
details pormenores mpl
detergent detergente m
detour desvio m
develop desenvolver, revelar
diabetic diabético/a
dial (vb) marcar
dialling code código de chamada
dialling tone sinal de marcar
diamond diamante m
diaper fralda f
diarrhoea diarreia f
diary diário m, agenda f
dice dados mpl
dictionary dicionário m
die morrer
diesel diesel m, gasóleo m
diet dieta f
difference diferença f
different diferente
difficult difícil
dinghy bote m
dining room sala de jantar f
dinner jantar m
direct (adj) directo/a
direction direcção f
dirty sujo/a
disabled inválido/a

disappear desaparecer
disappointed desiludido/a
disaster desastre m
disconnected desligado/a
discount desconto m
discover descobrir
disease doença f
dish prato m
dishtowel pano da louça
dishwasher máquina de lavar louça f
disinfectant desinfectante m
disk disco m
disposable diapers/ nappies fraldas descartáveis
distance distância f
district distrito m
disturb incomodar
dive mergulhar
diving board prancha de natação
divorced divorciado/a
DIY shop loja 'Faça-Você-Mesmo'
dizzy atordoado/a
do fazer
doctor médico/a
document documento m
dog cão m
doll boneca f
domestic doméstico/a
door porta f
doorbell campainha f

ENGLISH → PORTUGUESE

doorman porteiro m
double dobro, duplo
double bed cama de casal
double room quarto de casal
doughnut fritura f
downhill encosta, pela encosta abaixo
downstairs em baixo
dozen dúzia f
drain cano de esgoto
draught corrente de ar
draught beer cerveja de barril
drawer gaveta f
drawing desenho m
dreadful terrível
dress vestido m
dressing (bandage) ligadura f
dressing (salad) tempero m
dressing gown roupão m
drill (n) broca f
drink (n) bebida f
drink (vb) beber
drinking water água potável
drive conduzir
driver condutor/a
driving licence carta de condução
drop (n) gota f
drug (medicine) medicamento m
drug (narcotic) droga f

drunk bêbedo/a
dry seco/a
dry cleaner's limpeza a seco
dryer secador m
duck pato/a m/f
due a pagar
dull lento/a, monótono/a
dummy chupeta f
during durante
dust pó m, poeira f
dustbin balde do lixo
duster pano do pó
dustpan pá do lixo
Dutch, Dutchman, Dutchwoman (adj, n) Holandês/ Holandesa m/f
duty-free isento de direitos
duvet edredão m
duvet cover cobertura do edredão
dye (n) tinta f
dye (vb) tingir
dynamo dínamo m

E
each cada
eagle águia f
ear orelha f, ouvido m
earache dor de ouvido
earphones auscultadores mpl
earrings brincos mpl
earth terra f
earthquake terramoto f
east leste m

ENGLISH → PORTUGUESE

Easter Páscoa f
Easter egg ovo de Páscoa
easy fácil
eat comer
EC Comunidade Europeia
economy economia f
economy class classe económica
edge borda f
eel enguia f
egg ovo m
either ... or ou ... ou
elastic elástico/a
elbow cotovelo m
electric eléctrico/a
electrician electricista m/f
electricity electricidade f
elevator elevador m
embassy embaixada f
emergency emergência f
emergency exit saída de emergência
empty vazio/a
end fim m
engaged (occupied) ocupado/a
engaged (to be married) noivo/a, comprometido/a
engine motor m
engineer engenheiro/a
England Inglaterra
English (language) Inglês m

English Channel Canal da Mancha
English, Englishman/woman Inglês, Inglês/Inglesa m/f
enjoy disfrutar, gozar
enlargement ampliação f
enough bastante, suficiente
enquiry informação f
enquiry desk balcão de informações
enter entrar
entrance entrada f
entrance fee preço de entrada
envelope envelope m
epilepsy epilepsia f
epileptic epiléptico/a
equipment equipamento m
error erro m
escalator escada rolante
escape (vb) escapar
especially especialmente
essential essencial
estate agent agente imobiliário/a
Estonia Estónia
EU União Europeia
Europe Europa
European (adj, n) Europeu/Europeia
even (adj) uniforme, plano/a
even (adv) até, mesmo

evening tardinha f, noite f
eventually finalmente
every cada um/a, todos/as
everyone cada um/a, todos/todas
everything tudo
everywhere em toda a parte
exactly exactamente
examination exame m
example, for example exemplo m, por exemplo
excellent excelente
except excepto
excess luggage excesso de bagagem
exchange (n) câmbio m
exciting excitante
exclude excluir
excursion excursão f
excuse (n) desculpa f
Excuse me! Desculpe!
exhaust pipe tubo de escape
exhausted exausto/a
exhibition exposição f
exit saída f
expect esperar
expenses despesas fpl
expensive caro/a
experienced com experiência
expire caducar, vencer
explain explicar
explosion explosão f

export exportar
exposure exposição f, revelação
express (train) comboio expresso
extension extensão f
extension lead cabo de extensão
extra extra
extraordinary extraordinário/a
eye olho m
eye drops gotas para os olhos
eye make-up remover desmaquilhador para olhos
eye shadow sombra dos olhos

F
fabric tecido m
façade fachada f
face face f, cara f
factory fábrica f
faint (vb) desmaiar
fair (fête) feira f
fair (blonde) louro/a
fair (just) justo/a
fairly bastante
fake (vb) falsificar
fake (adj) falso/a
fall (vb) cair
family família f
famous famoso/a
fan ventoinha f
fanbelt correia da ventoinha

far (adj) longe
far (adv) distante
fare tarifa f, frete m
farm quinta f, fazenda f
farmer lavrador/a
farmhouse casa de quinta
fashionable na moda
fast rápido/a
fasten apertar, prender
fasten seatbelt apertar o cinto de segurança
fat gordo/a
father pai m
father-in-law sogro m
fatty gorduroso/a
fault erro m, defeito m
faulty deficiente, defeituoso/a
favourite preferido/a
fax fax m
February Fevereiro m
feed (vb) alimentar
feel sentir
feet pés mpl
female (adj) feminino/a
female (n) fêmea f
fence vedação f
fender pára-choques mpl
ferry barco de travessia
festival festival m
fetch buscar, trazer
fever febre f
few, a few poucos/as, alguns/algumas
fiancé, fiancée noivo/a
field campo m

fight (n) luta f, briga f
fight (vb) lutar, brigar
file (folder) arquivo m
file (tool) lima f
fill, fill in, fill up encher, preencher
fillet filete m
filling (sandwich) recheio m
filling (tooth) obturação f, chumbo m
film (n) película f, filme m
film (vb) filmar
film processing revelação dos negativos
filter filtro m
filthy sujo/a
find encontrar
fine (adj) fino/a
fine (n) multa f
finger dedo m
finish (vb) acabar, terminar
fire fogo m
fire brigade bombeiros mpl
fire exit saída de emergência
fire extinguisher extintor de incêndios
first, at first primeiro/a, no início
first aid primeiros socorros mpl
first-aid kit caixa de primeiros socorros
first class primeira classe
first floor primeiro andar

ENGLISH → PORTUGUESE

first name primeiro nome
fish peixe m
fishing permit licença de pesca
fishing rod cana de pesca
fishmonger's peixaria f
fit (healthy) em forma
fitting room cabina de prova
fix (vb) resolver, arranjar
fizzy efervescente, gasoso/a
flannel flanela f
flash (of lightning) relâmpago m
flashlight lanterna de bolso
flask frasco m
flat (n) apartamento m
flat battery bateria descarregada
flat tyre pneu em baixo
flavour sabor m
flaw defeito m
flea pulga f
flight voo m
flip flops chinelas fpl
flippers barbatanas fpl
flood inundação f
floor (of room) chão m
floor (storey) andar m
floorcloth pano do chão m
florist florista f
flour farinha f
flower flor f

flu gripe f
fluent fluente
fly (vb) voar
fog nevoeiro m
folk gente f
follow seguir
food comida f, alimento m
food poisoning intoxicação alimentar
food shop mercearia f
foot pé m
football futebol m
football match jogo de futebol
footpath caminho m
for para
forbidden proibido/a
forehead testa f
foreign exótico/a, estrangeiro/a
foreigner estrangeiro/a
forest floresta f
forget esquecer
fork garfo m
form (document) impresso m
form (shape) forma f
formal formal, convencional
fortnight quinzena f
fortress fortaleza f
fortunately felizmente
fountain fonte f
four-wheel drive de tracção às quatro rodas
fox raposa f
fracture fractura f

frame armação f, moldura f
France França
free livre
freelance autónomo/a, independente
freeway auto-estrada f
freezer congelador m
French, Frenchman/woman Francês/Francesa
French fries batatas fritas fpl
frequent frequente
fresh fresco/a
Friday sexta-feira f
fridge frigorífico m
fried frito/a
friend amigo/a
friendly amável, simpático/a
frog rã f
from (origin) de
from (time) desde
front frente f
frost geada f
frozen congelado/a
fruit fruta f
fruit juice sumo de fruta
fry fritar
frying pan frigideira f
fuel gasolina f, combustível m
fuel gauge indicador do nível do combustível
full cheio/a
full board pensão completa

fun (n) diversão f
fun (adj) divertido/a
funeral funeral m
funicular funicular m
funny engraçado/a
fur pele f
fur coat casaco de peles
furnished mobilado/a
furniture mobília f
further mais distante
fuse fusível m
fuse box caixa de fusíveis
future futuro m

G
gallery galeria f
gallon galão m
game jogo m
garage garagem f
garden jardim m
garlic alho m
gas gás m
gas cooker fogão a gás
gate portão m
gay alegre m/f, homossexual m/f
gay bar bar gay
gear engrenagem f
gear lever alavanca de velocidades
gearbox caixa de velocidades
general geral
generous generoso/a
Geneva Genebra
gents' toilet urinol m
genuine genuíno/a

German Alemão m, Alemã f
German measles rubéola f
Germany Alemanha
get obter
get off escapar, descer
get on subir
get up levantar-se
gift oferta f, presente m
girl rapariga f
girlfriend namorada f
give dar
give back devolver
glacier glaciar m
glad alegre m/f
glass (tumbler) copo m
glasses (spectacles) óculos mpl
gloomy escuro/a, triste
gloves luvas fpl
glue cola f
go ir
go (by car) conduzir
go (on foot) caminhar
go away ir-se embora
go back voltar
goat cabra f
God Deus m
goggles óculos protectores
gold ouro m
golf club (place) clube de golfe
golf club (stick) taco de golfe
golf course campo de golfe

good bom/boa
good afternoon boa tarde
good day bom dia
good evening boa noite
Good Friday Sexta-feira Santa
good luck boa sorte
good morning bom dia
good night boa noite
goodbye adeus
goose ganso m
Gothic Gótico/a
government governo m
gradually pouco a pouco, gradualmente
gram grama m
grammar gramática f
grand grande
granddaughter neta f
grandfather avô m
grandmother avó f
grandparents avós mpl
grandson neto m
grapes uvas fpl
grass relva f
grated ralado/a
grateful agradecido/a
gravy molho de carne
greasy gorduroso/a
great grande, vasto, importante
Great Britain Grã-Bretanha
Greece Grécia
Greek Grego/a

green verde m/f
greengrocer's frutaria f
greeting saudação f
grey cinzento/a
grilled grelhado/a
ground terra f
ground floor rés-do-chão
group grupo m
guarantee garantia f
guard guarda m/f
guest hóspede m/f
guesthouse casa de hóspedes
guide guia m/f
guide book guia de turismo
guided tour excursão com guia
guitar guitarra f
gun arma de fogo
gym ginásio m

H
hail granizo m
hair cabelo m
hairbrush escova do cabelo
haircut corte de cabelo
hairdresser cabeleireiro/a
hairdryer secador de cabelo
half (adj) meio/a
half (n) metade
hall salão m
ham fiambre m

hamburger hambúrguer m
hammer martelo m
hand mão f
hand luggage bagagem de mão
handbag bolsa de mão
handbrake travão de mão
handicapped inválido/a
handkerchief lenço de bolso
handle cabo m, puxador m
handmade feito à mão
handsome formoso/a, elegante
hang up (phone) desligar
hanger gancho m, cabide m
hang-gliding voo livre
hangover ressaca f
happen acontecer
happy feliz
Happy Easter! Páscoa Feliz!
Happy New Year! Feliz Ano Novo!
harbour porto m
hard duro/a
hard disk disco rígido
hardly dificilmente, apenas
hardware shop loja de ferragens
harvest colheita f
hat chapéu m

ENGLISH → PORTUGUESE

ENGLISH → PORTUGUESE

have ter
have to ter de, dever
hay fever febre do feno
hazelnut avelã f
he ele m
head cabeça f
headache dor de cabeça
headlights faróis dianteiros
headphones auscultadores mpl
health food shop loja de alimentos naturais
healthy saudável
hear ouvir, escutar
hearing aid aparelho para a surdez
heart coração m
heart attack ataque de coração
heartburn azia f
heat calor m
heater aquecedor m
heating aquecimento m
heavy pesado/a
heel calcanhar m, salto m
height altura f
helicopter helicóptero m
helmet capacete m
Help! Socorro!
help (vb) ajudar
hem bainha f
her lhe, ela, a ela
herbal tea chá de ervas
herbs ervas fpl
here aqui

hernia hérnia f
hide esconder
high alto/a
high blood pressure tensão arterial elevada
high chair cadeira alta
him, to him ele, lhe, a ele
hip anca f
hip replacement substituição da cabeça do fémur
hire (vb) alugar
hire car carro de aluguer
his seu, sua
historic histórico/a
history história f
hit bater em, atingir
hitchhike pedir boleia, pegar carona
hold segurar
hole buraco m
holidays férias fpl
holy sagrado/a
home casa f
homesickness saudades fpl
homosexual homossexual
honest honesto/a
honey mel m
honeymoon lua de mel
hood (car) capô m
hood (garment) capuz m
hope esperança f
hopefully oxalá
horn (animal) corno m

horn (car) buzina f
horse cavalo m
horse racing corridas de cavalos
horse riding passeio a cavalo
hose pipe mangueira f
hospital hospital m
hospitality hospitalidade f
hostel hospedaria f
hot quente
hot spring termas fpl
hot-water bottle saco de água quente
hour hora f
hourly (adj) de hora em hora
hourly (adv) continuamente
house casa f
house wine vinho da casa
housework trabalho doméstico
hovercraft aerodeslizador m
How? Como?
How are you? Como estás?
How do you do? Como está?
How many? Quantos?
How much is it? Quanto custa?
humid húmido/a
humour humor m
Hungarian Húngaro/a

Hungary Hungria
hungry com fome
hunt caçar
hunting permit licença de caça
hurry (vb) apressar-se
hurt (vb) magoar, doer
hurts dói
husband marido m
hydrofoil hidrofólio m
hypodermic needle agulha hipodérmica

I
I eu
ice gelo m
ice cream gelado m
ice rink pista de gelo
ice skates patins mpl
iced coffee café gelado
idea ideia f
identity card bilhete de identidade
if se
if not se não
ignition ignição f
ignition key chave de ignição
ill doente
illness doença f
immediately imediatamente
important importante
impossible impossível
improve melhorar
in em, dentro
inch polegada f

ENGLISH → PORTUGUESE

included incluído/a
inconvenience inconveniência **f**
incredible incrível
Indian Indiano/a
indicator indicador/a
indigestion indigestão **f**
indoor pool piscina coberta
indoors dentro de casa
infection infecção **f**
infectious contagioso/a
inflammation inflamação **f**
inflate encher de ar
informal informal
information informação **f**
ingredients ingredientes **mpl**
injection injecção **f**
injured ferido/a
injury dano, ferimento **m**
ink tinta **f**
in-laws sogros **mpl**
inn hospedaria **f**
inner tube câmara-de-ar **f**
insect insecto **m**
insect bite picada de insecto
insect repellent repelente de insectos
inside dentro
insist insistir
insomnia insónia **f**
inspect inspeccionar
instant coffee café instantâneo

instead em vez de
insulin insulina **f**
insurance seguro **m**
intelligent inteligente
intend tencionar
interesting interessante
international internacional
interpreter intérprete
intersection intercepção **f**
interval intervalo **m**
into para
introduce introduzir, apresentar (people)
investigation investigação **f**
invitation convite **m**
invite convidar
invoice factura **f**
Ireland Irlanda
Irish, Irishman/woman Irlandês, Irlandesa
iron (n, appliance) ferro de engomar
iron (n, metal) ferro **m**
iron (vb) engomar, passar a ferro
ironing board tábua de engomar
ironmonger's ferreiro **m**
is é
island ilha **f**
it (direct object) o/a
it (indirect object) lhe
it (subject) ele/ela
Italian (adj, n) Italiano/a

Italian (language)
Italiano m
Italy Itália
itch (n) comichão f
itch (vb) fazer comichão

J
jack (car) macaco m
jacket casaco m,
jaqueta f
jam compota f
jammed obstruído/a
January Janeiro
jar frasco m
jaundice icterícia f
jaw maxila f
jealous ciumento/a
jelly geleia f
jellyfish acalefa, medusa
jersey camisola f
Jew, Jewish
Judeu/Judia, Judaico/a
jeweller's joalharia f
jewellery jóias fpl
job trabalho m
jog (n) trote m
jog (vb) fazer jogging
join ligar
joint articulação, juntura
joke anedota f
journey viagem, jornada
joy alegria f
judge juiz m
jug jarro m
juice sumo m
July Julho
jump (n) salto m
jump (vb) saltar

jump leads cabos de
conexão da bateria
jumper suéter, camisola
junction junção f
June Junho
just (fair) justo/a
just (only) somente

K
keep guardar
Keep the change!
Guarde o troco!
kettle chaleira eléctrica
key chave f
key ring chaveiro m
kick dar pontapé
kidney rim m
kill matar
kilo quilo m
kilogram quilograma m
kilometre quilómetro m
kind amável
king rei m
kiosk quiosque m
kiss (n) beijo m
kiss (vb) beijar
kitchen cozinha f
kitchenette cozinha
pequena
knee joelho m
knickers calcinhas fpl
knife faca f
knit tricotar
knitting needle agulha
de tricô
knitwear roupa de
malha
knock bater, chocar

knock down abater
knock over derrubar
know saber

L

label etiqueta f
lace renda f
ladder escada de mão m
ladies' toilet 'senhoras'
ladies' wear roupa de senhora
lady senhora f
lager cerveja leve e clara
lake lago m
lamb cordeiro m
lamp lâmpada f
land terra f
landlady proprietária f
landlord proprietário m
landslide desabamento de terra
lane ruela f
language idioma m
language course curso de línguas
large grande
last último/a
last night ontem à noite
late tarde
later logo, mais tarde
Latvia Letónia
laugh (n) riso m
laugh (vb) rir
launderette, laundromat lavandaria automática
laundry lavandaria f

lavatory lavabo, lavatório m
law lei f
lawyer advogado/a
laxative laxante m
lazy preguiçoso/a
lead (n, metal) chumbo m
lead (vb) guiar, levar
lead-free sem chumbo
leaf folha f
leaflet folheto m
leak (n) fuga, escape
leak (vb) pingar, gotejar
learn aprender
lease (n) contrato m
lease (vb) arrendar
leather pele f, couro m
leave sair, deixar
leek alho-porro m
left, to the left esquerda/o, para a esquerda
left-hand drive condução à esquerda
left-handed canhoto/a
leg perna f
lemon limão m
lemonade limonada f
lend emprestar
lens lente m
lenses lentes m/f
lentil lentilha f
lesbian lesbiana f
less menos
lesson lição f
let (vb, allow) permitir, deixar

let (vb, hire) alugar
letter carta f
letterbox caixa do correio
lettuce alface f
level crossing passagem de nível
lever alavanca f
library biblioteca f
licence licença f
lid tampa f
lie (n, untruth) mentira f
lie (vb) mentir
lie down deitar-se
life vida f
life belt cinto salva-vidas
life insurance seguro de vida
life jacket colete salva-vidas
lifeguard socorrista m/f
lift (n) elevador m
lift (vb) levantar
light (adj, colour) claro/a
light (adj, weight) leve
light (n) luz f
light (vb) acender, iluminar
light bulb lâmpada f
lightning relâmpago m
like (prep.) como
like (vb) gostar
lime lima f
line linha f
linen linho m, roupa de cama

lingerie roupa interior
lion leão m
lipstick batom m
liqueur licor m
list lista f
listen ouvir
Lithuania Lituânia
litre litro m
litter (n) lixo m
litter (vb) desarrumar, sujar
little pequeno/a
live viver
lively vivo/a, animado/a
liver fígado m
living room sala de estar
loaf um pão
lobby vestíbulo m, entrada f
lobster lagosta f
local local
lock (n) fechadura f
lock (vb) fechar à chave
lock in guardar à chave
lock out impedir de entrar
locked in debaixo de chave
locker armário com chave
lollipop chupa-chupa m
long (adj, size) longo/a, comprido/a
long (adj, time) muito tempo

ENGLISH → PORTUGUESE

ENGLISH → PORTUGUESE

long-distance call
  chamada interurbana
look after cuidar de
look at olhar
look for procurar
look forward to
  esperar com
  antecipação
loose solto/a
lorry camião m
lose perder
lost perdido/a
lost property
  propriedade perdida
lot muito/a
loud ruidoso/a
lounge sala de estar,
  salão m
love (n) amor m
love (vb) amar
lovely encantador/a
low baixo/a
low fat magro/a
luck sorte f
luggage bagagem f
luggage rack porta-
  bagagens f
luggage tag etiqueta f
luggage trolley trólei
  para bagagem
lump pedaço m,
  inchaço m
lunch almoço m
lung pulmão m
Luxembourg
  Luxemburgo
luxury luxo m

M
machine máquina f
mad maluco/a
made feito/a
magazine revista f
maggot larva de
  insecto, gusano
magnet íman m
magnifying glass
  lupa f
maid criada f
maiden name nome
  de solteira
mail (n) correio m
mail (vb) enviar pelo
  correio
main principal
main course prato
  principal
main post office
  correio central
main road rua principal
mains switch
  interruptor principal
make fazer
male masculino m
man homem m
man-made fibre fibra
  sintética
manager gerente m/f
manual manual
many muitos/as
map mapa m
marble mármore m
March Março
market mercado m
marmalade doce de
  laranja

married casado/a

marsh pântano m

mascara rímel m

mashed potatoes puré de batata

mask máscara f

Mass (rel) missa f

mast mastro m

match (sport) desafio m

matches (for lighting) fósforos

material tecido m

matter assunto m

matter – it doesn't matter não faz mal

mattress colchão m

May Maio

may poder

maybe talvez

mayonnaise maionese f

me me, a mim

meal refeição f

mean (intend) significar

mean (nasty) mau/má

measles sarampo m

measure (n) medida f

measure (vb) medir

meat carne f

mechanic mecânico/a

medical insurance seguro médico

medicine (drug) medicamento m

medicine (science) medicina f

medieval medieval

Mediterranean Mediterrâneo m

medium médio/a

medium dry (wine) meio seco

medium rare (meat) mal passada

medium sized de tamanho médio

meet encontrar

meeting reunião f

melon melão f

melt derreter

men homens

mend remendar

meningitis meningite f

menswear roupa de homem

mention mencionar

menu ementa f

meringue merengue m

message mensagem f

metal metal m

meter contador m

metre metro m

metro metro m

microwave oven forno microondas

midday meio-dia m

middle meio

midnight meia-noite f

might (vb) poder

migraine enxaqueca f

mile milha f

milk leite m

minced meat carne picada

mind mente f, espírito m

mineral water água mineral

ENGLISH → PORTUGUESE

minister ministro **m**
mint hortelã, menta
minute minuto **m**
mirror espelho **m**
Miss Menina, Senhorita **f**
missing desaparecido/a, perdido/a
mist neblina **f**
mistake erro **m**
misunderstanding mal-entendido **m**
mix (vb) misturar
mix-up (n) confusão **f**
mix up (vb) confundir
mobile phone telemóvel **m**
moisturizer creme hidratante
moment momento **m**
monastery mosteiro **m**
Monday Segunda-feira **f**
money dinheiro **m**
money belt cinto para dinheiro
money order vale postal
month mês **m**
monthly por mês
monument monumento **m**
moon lua **f**
mooring ancoragem **f**
more mais
morning manhã **f**
mosque mesquita **f**
mosquito mosquito **m**
most o maior, a maioria
mostly principalmente

moth traça **f**
mother mãe **f**
mother-in-law sogra **f**
motor motor **m**
motorbike motocicleta **f**
motorboat barco a motor, lancha **f**
motorway estrada **f**, auto-estrada **f**
mountain montanha **f**
mountain rescue socorro para alpinistas
mountaineering alpinismo **m**
mouse rato **m**
moustache bigode **m**
mouth boca **f**
mouth ulcer afta **f**
mouthwash elixir para a boca
move mover
move house mudar de casa
Mr Sr.
Mrs Srª Dª
Ms Srª
much muito/a
mud lama **f**
mug caneca **f**
mugged atacado/a
mumps papeira **f**
muscle músculo **m**
museum museu **m**
mushroom cogumelo **m**
musician músico/a
Muslim Muçulmano/a
mussel mexilhão **m**

must dever
mustard mostarda f
mutton carneiro m
my meu, minha
myself eu mesmo/a

N

nail unha f, prego m
nail brush escova de unhas
nail file lima de unhas
nail polish/varnish verniz/esmalte de unhas
nail polish remover dissolvente de verniz
nail scissors tesourinha de unhas
name nome m
nanny ama de crianças
napkin guardanapo m
nappy fralda f
narrow estreito/a
nasty desagradável, mau/má
national nacional
nationality nacionalidade f
natural natural
nature natureza f
nature reserve reserva natural
nausea náusea f
navy marinha de guerra
navy blue azul marinho m
near (adv) perto, próximo
near (adj) vizinho/a

nearby (adj) perto, próximo
nearby (adv) à mão, perto
nearly quase
necessary necessário/a
neck pescoço m
necklace colar m
need (n) necessidade f
need (vb) necessitar
needle agulha f
negative (photo) negativo m
neighbour vizinho/a
neither ... nor nem ... nem
nephew sobrinho m
nest ninho m
net rede f
Netherlands Países Baixos
never nunca
new novo/a
New Year Ano Novo
New Year's Eve véspera de Ano Novo
New Zealand, New Zealander Nova Zelândia, neozelandês
news notícias fpl
news stand quiosque m
newspaper jornal m
next seguinte, próximo/a
nice agradável
niece sobrinha f

ENGLISH → PORTUGUESE

night, last night
noite f, ontem à noite
nightdress camisa de
noite
no não
nobody ninguém
noise barulho m
noisy barulhento/a
non-alcoholic sem
álcool
non-smoking não-
fumador
none nenhum/a
north norte m
North Sea Mar do
Norte
Northern Ireland
Irlanda do Norte
Norway Noruega
Norwegian norueguês/
norueguesa
nose nariz m
not não
note nota f
notebook caderno m
notepaper papel de
carta
nothing nada
nothing else nada mais
noticeboard quadro de
avisos
novel romance m
November
Novembro m
now agora
nudist beach praia
nudista
number número m

number plate
matrícula m
nurse enfermeira/o
nursery (plants)
viveiro m
nursery school escola
infantil
nursery slope rampa
para principiantes
nut noz f
nut (for bolt) porca f

O
oak carvalho m
oar remo m
oats aveia f
obtain obter
occasionally de vez
em quando
occupation ocupação f
occupied (e.g. toilet)
ocupado/a
ocean oceano m
October Outubro m
odd (number) número
ímpar
odd (strange) casual,
estranho/a
of de
off desligado/a
office escritório m
often muitas vezes
oil óleo m
ointment pomada f
OK Muito bem!
old velho/a
old-age pensioner
aposentado/a

old-fashioned fora de moda
olive azeitona f
olive oil azeite m
omelette omelete f
on em, sobre
once uma vez
one um/a
one-way street rua de sentido único
onion cebola f
only (adj) único/a
only (adv) somente
open aberto/a
open ticket bilhete aberto
opening times hora de abertura
opera ópera f
operation operação f
operator (phone) telefonista m/f
ophthalmologist oftalmologista m/f
opposite oposto/a
optician oculista m/f
or ou
orange laranja f
orange juice sumo de laranja
orchestra orquestra f
order (n) ordem f, encomenda f
order (vb) encomendar
organic vegetables vegetais orgânicos
other outro/a

otherwise de outra maneira, senão
our nosso/a
out fora, fora de
out of order avariado/a
outdoors ao ar livre
outside exterior, lá fora
outskirts arrabaldes mpl
oven forno m
ovenproof refractário/a
over sobre, em cima de
over here aqui
over there além, acolá
overcharge cobrar em excesso
overcoat sobretudo m
overdone passado demais
overheat aquecer demais
overnight durante a noite
overtake ultrapassar
owe dever
owl coruja f
owner proprietário/a

P
pacemaker regulador cardíaco
pacifier chupeta f
pack (vb) empacotar
package embalagem f
package holiday férias organizadas
packet paquete m, maço (cigarettes)

ENGLISH → PORTUGUESE

padlock cadeado m
page página f
paid pago/a
pail balde m
pain dor f
painful doloroso/a, triste
painkiller analgésico m
paint (n) pintura f, tinta f
paint (vb) pintar
painting quadro m
pair par m
palace palácio m
pale pálido/a
pan caçarola f
pancake panqueca f
panties calcinhas fpl
pants calças fpl
pantyhose meia-calça, collants
paper papel m
paper napkins guardanapos de papel
parcel embrulho m
Pardon? Perdão?
parents pais mpl
parents-in-law sogros mpl
park (n) parque
park (vb) estacionar
parking disc disco de estacionamento
parking meter parquímetro m
parking ticket multa de estacionamento
part parte f
partner (companion) companheiro/a

partner (business) sócio/a
party (celebration) festa f
party (political) partido m
pass (vb) passar
pass control controle de passaporte
passenger passageiro/a
passport passaporte m
past passado m
pastry pastel m
path caminho m
patient doente m/f
pattern padrão m
pavement passeio m, calçada f
pay pagar
payment pagamento m
payphone telefone público
pea ervilha f
peach pêssego m
peak pico, pique
peak rate tarifa de estação alta
peanut amendoim m
pear pêra f
pearl pérola f
peculiar peculiar
pedal pedal m
pedestrian peão m
pedestrian crossing passadeira de peões
peel (n) casca f, pele f
peel (vb) descascar

peg mola f, cavilha f
pen caneta f
pencil lápis m
penfriend
correspondente m/f
peninsula península f
people pessoas fpl
pepper (vegetable)
pimento m
pepper (spice)
pimenta f
per por
perfect perfeito/a
performance
representação f
perfume perfume m
perhaps talvez
period período m
perm permanente f
permit (n) autorização f
permit (vb) permitir,
autorizar
person pessoa f
pet animal doméstico
petrol gasolina f
petrol can recipiente
para gasolina
petrol station estação
de serviço
pharmacist
farmacêutico/a
pharmacy farmácia f
phone (n) telefone m
phone booth cabine
telefónica
phone card cartão de
chamadas

phone number
número de telefone
photo foto f
photocopy fotocópia f
photograph (n)
fotografia f
photograph (vb)
fotografar
phrase book livro de
frases
piano piano m
pickpocket carteirista,
gatuno/a
picnic piquenique m
picture quadro m,
imagem f
picture frame caixilho m
pie pastel m, pastelão m
piece peça f, pedaço m
pig porco/a
pill pílula f
pillow almofada f
pillowcase fronha f
pilot piloto m
pin alfinete m
pin number número de
identificação pessoal
pineapple ananás m
pink cor-de-rosa
pipe (plumbing)
cano m
pipe (smoking)
cachimbo m
pity, It's a pity! pena,
Que pena!
place (n) lugar m
plain simples
plait trança f

plane avião m
plant planta f
plaster gesso m, emplastro m
plastic plástico/a
plastic bag saco de plástico
plate prato m
platform estrado m, cais m
play (n, theatre) peça de teatro
play (vb) jogar
playground pátio de recreio
please por favor
pleased encantado/a
Pleased to meet you! Prazer em conhecê-lo/a!
plenty suficiente, abundante
pliers alicate m
plug (bath) tampão m
plug (elec) ficha f, tomada f
plum ameixa f
plumber canalizador/a, picheleiro/a
p.m. (after noon) da tarde, da noite
poached escalfado/a
pocket bolso m
point (n) ponto m
point (vb) apontar, indicar
points (car) contactos mpl
poison veneno m

poisonous venenoso/a
Poland Polónia
Pole, Polish Polaco/a
police polícia f
police station esquadra da polícia
policeman/woman agente da polícia
polish (n) graxa f, cera f
polish (vb) polir, engraxar
polite educado/a, delicado/a
polluted poluído/a
pool piscina f
poor (impecunious) pobre
poor (quality) de má qualidade
poppy papoila f
popular popular
population população
pork carne de porco
port (harbour) porto m
port (wine) vinho do Porto
porter porteiro/a
portion porção f
portrait retrato m
Portugal Portugal
Portuguese português, portuguesa
posh elegante
possible possível
post (n) correio m
post (vb) enviar pelo correio
post office correio m

post office box caixa postal

postage franquia f

postage stamp selo m

postal code código postal

postbox caixa do correio

postcard bilhete postal

poster cartaz m

postman/postwoman carteiro m

postpone adiar

potato batata f

pothole buraco m

pottery cerâmica f

pound libra f

pour vazar, decantar

powder pó m

powdered milk leite em pó

power cut corte de energia

practice prática f

practise praticar

pram carrinho de criança

prawn camarão grande

pray rezar, orar

prefer preferir

pregnant grávida

prescription receita f

present (n) presente m, prenda f

present (adj) presente

present (vb) apresentar, oferecer

pressure pressão f

pretty bonito/a

price preço m

priest padre m

prime minister primeiro ministro

print (vb) imprimir

printed matter impressos mpl

prison prisão f

private privado/a

prize prémio m

probably provavelmente

problem problema m

programme, program programa m

prohibited proibido/a

promise (n) promessa f

promise (vb) prometer

pronounce pronunciar

properly correctamente

Protestant protestante m/f

public público/a

public holiday dia feriado

pudding sobremesa f, pudim m

pull puxar

pullover pulôver m

pump bomba f

puncture furo m

puppet show espectáculo de fantoches

purple roxo/a, purpúreo/a

purse porta-moedas m

push empurrar

ENGLISH → PORTUGUESE

pushchair carrinho m
put pôr
put up with aguentar
pyjamas pijama m

Q

quality qualidade f
quantity quantidade f
quarantine quarentena f
quarrel (n) discórdia f
quarrel (vb) discutir,
  altercar
quarter quarto m
quay cais m
queen rainha f
question pergunta f,
  questão f
queue (n) fila f, bicha f
queue (vb) formar bicha
quickly depressa
quiet tranquilo/a, calmo/a
quilt colcha f, cobertura f
quite completamente

R

rabbit coelho/a
rabies raiva f, hidrofobia f
race (people) raça f
race (sport) corrida f
race course
  hipódromo m
racket raqueta f
radiator radiador m
radio rádio m
radish rabanete m
rag trapo m, farrapo m
railway caminho de ferro

railway station estação
  de caminho de ferro
rain chuva f
raincoat impermeável m
raisin passa f
rake ancinho m
rape (n) violação f,
  estupro m
rape (vb) violar, raptar
rare raro/a
rash erupção cutânea
raspberry framboesa f
rat ratazana f
rate (of exchange)
  câmbio m
raw cru/a
razor aparelho de
  barbear
razor blade lâmina de
  barbear
read ler
ready pronto/a
real real
realize dar-se conta,
  compreender
really realmente
rear-view mirror
  espelho retrovisor
reasonable razoável
receipt recibo m
receiver (tax)
  recebedor/a, fisco m
receiver (telephone)
  auscultador m
recently recentemente
reception recepção f
receptionist
  recepcionista m/f

recharge recarregar

recipe receita f

recognize reconhecer

recommend recomendar

record (n, legal) documento m, registo m

record (n, music) disco m

red vermelho/a

red wine vinho tinto

redcurrant groselha vermelha

reduce reduzir

reduction redução f

refund (n) reembolso m

refund (vb) devolver

refuse (n) lixo m

refuse (vb) recusar

region região f

register (n) registo m

register (vb) registar, certificar

registered mail correio registado

registration form impresso de registo

registration number número de registo

relative, relation parente m/f

remain ficar, permanecer

remember lembrar

rent (n) renda f, aluguer m

repair (n) reparação f

repair (vb) consertar, reparar

repeat repetir

reply (n) resposta f

reply (vb) responder

report (n) relatório m

report (vb) informar

request (n) pedido m, solicitação f

request (vb) pedir, solicitar

require necessitar

rescue (n) ajuda f, resgate m

rescue (vb) ajudar, socorrer

reservation reserva f

reserve reservar

resident (adj, n) residente m/f

resort lugar de veraneio

rest (relax) descansar

rest (remainder) resto m

retired reformado/a

return regressar

return ticket bilhete de ida e volta

reverse (n) inverso m, revés m

reverse (vb) fazer marcha atrás

reverse gear engrenagem de marcha atrás

reverse-charge call chamada a cobrar

revolting revoltante m/f

rheumatism reumatismo m

ENGLISH → PORTUGUESE

rib costelas f
ribbon fita f
rice arroz m
rich rico/a
ride passeio m
ridiculous ridículo/a
right direito/a
right-hand drive
  condução à direita
ring (n) anel m, argola f
ring (vb) tocar, telefonar
ring road estrada
  periférica
rip-off roubo m
ripe maduro/a
river rio m
road estrada f
road accident
  acidente de carro
road map mapa
  rodoviário
road sign placa de
  sinalização
road works obras na
  estrada
roll (vb) rolar
roof telhado, capot m
roof-rack porta-
  bagagem m
room quarto m
rope corda f
rose (flower) rosa f
rotten podre m/f
rough áspero/a
roughly
  aproximadamente
round redondo/a
roundabout rotunda f

row (n) fila f
row (vb) remar
royal real
rubber borracha f
rubbish lixo m
rubella rubéola f
rudder leme m
rug tapete m
ruin ruína f
ruler (for measuring)
  régua f
rum rum m
run correr
rush apressar-se
rusty enferrujado/a
rye bread pão de
  centeio

S
sad triste
saddle sela f
safe (adj) seguro/a
safe (n) cofre m
safety belt cinto de
  segurança
safety pin alfinete de
  segurança
sail navegar
sailing navegação f
salad salada f
salad dressing molho
  para salada
sale venda f
sales representative
  representante de vendas
salesperson vendedor/a
salmon salmão m
salt sal m

same mesmo/a
sand areia f
sandals sandálias fpl
sandwich sandes f, sanduíche f
sanitary pads pensos higiénicos
Saturday sábado m
sauce molho m
saucer pires m
sausage salsicha f
save salvar
savoury salgado/a
say dizer
scales balança f
scarf lenço de pescoço
scenery vista f, paisagem f
school escola f
scissors tesoura f
Scot, Scottish escocês, escocesa
Scotland Escócia
scrambled eggs ovos mexidos
scratch (n) arranhão m
scratch (vb) arranhar
screen ecrã m
screw parafuso m
screwdriver chave de fendas
scrubbing brush escova de esfregar
scuba diving mergulho submarino
sea mar m
seagull gaivota f
seasick enjoado/a

seaside litoral m
season estação f
season ticket bilhete de temporada
seasoning tempero m
seat assento m
seatbelt cinto de segurança
seaweed alga f
secluded isolado/a
second segundo/a
second-class segunda classe
second-hand segunda mão
secretary secretário/a
security guard guarda de segurança
see ver
self-catering com cozinha
self-employed trabalhador autónomo
self-service auto-serviço
sell vender
sell-by date data de vencimento
send enviar
senior citizen idoso/a
sentence (grammar) frase f
sentence (law) sentença f
separate (vb) separar
September Setembro
septic séptico/a

ENGLISH → PORTUGUESE

septic tank fossa séptica
serious sério/a
service serviço **m**
service charge taxa de
  serviço
serviette guardanapo **m**
set menu ementa fixa **f**
several vários/as
sew coser
sex sexo **m**
shade sombra **f**
shake sacudir, agitar
shall dever
shallow pouco fundo/a
shame vergonha **f**
shampoo and set
  lavar e pentear
share dividir, compartilhar
sharp afiado/a
shave barbear
she ela **f**
sheep ovelha **f**
sheet lençol **m**
shelf prateleira **f**
shellfish marisco **m**
sheltered abrigado/a
shine brilho **m**
shingle seixos,
  burgalhão
shingles herpes-zóster
ship barco **m**
shirt camisa **f**
shock absorber
  amortecedor **m**
shoe sapato **m**
shoelace cordão de
  sapatos
shop loja **f**

shop assistant
  empregado/a
shop window montra,
  vitrina
shopping centre
  centro comercial
shore praia **f**, litoral **m**
short curto/a
short-cut atalho **m**
short-sighted míope
shorts calções **mpl**
shoulder ombro **m**
shout (n) grito **m**
shout (vb) gritar
show (n) espectáculo **m**
show (vb) mostrar
shower chuveiro **m**
shrimp camarão **m**
shrink encolher
shut fechar
shutter persiana **f**
shy envergonhado/a
**sick, I'm going to be
  sick!** doente, Vou
  vomitar!
side lado **m**
side dish
  acompanhamento **m**
sidewalk passeio **m**
sieve peneira **f**
sight vista **f**
sightseeing turismo
sign (n) anúncio **m**
sign (vb) assinar
signal sinal **m**
signature assinatura **f**
signpost poste
  sinalizador **m**

silence silêncio m
silk seda f
silly tolo/a
silver prata f
similar semelhante
simple simples, modesto/a
sing cantar
singer cantor/a
single só, solteiro/a
single bed cama de solteiro
single room quarto individual
single ticket bilhete de ida
sink pia de cozinha
sister irmã f
sister-in-law cunhada f
sit sentar-se
size tamanho m
skate (n) patim m
skate (vb) patinar
skating rink pista de patinagem
ski (n) esqui m
ski (vb) esquiar
ski boot bota de esquiar
ski jump salto de esqui
ski slope vertente de esqui
skin pele f
skirt saia f
sky céu m
sledge trenó m
sleep dormir
sleeper, sleeping car carruagem-cama

sleeping bag saco de dormir
sleeping pill comprimido para dormir
sleepy com sono, sonolento/a
slice fatia f
slide (n, photo) diapositivo m
slide (vb) escorregar, deslizar
slip escorregar, cair
slippers chinelas fpl
slippery escorregadio
Slovak Eslováquia
Slovak Republic República Eslováquia
slow lento/a
slowly lentamente
small pequeno/a
smell cheirar
smile (vb) sorrir
smoke (n) fumo m
smoke (vb) fumar
smoked salmon salmão fumado
snack lanche, merenda
snake cobra f
sneeze espirrar
snore ressonar
snorkel tubo de respiração
snow, it is snowing neve, está a nevar
soaking solution liquido para embeber
soap sabão m

soap powder sabão em pó
sober sóbrio/a
socket (elec) tomada f
socks meias fpl
soda soda f
soft macio/a, suave
soft drink refrigerante, bebida f
sole (fish) linguado m
sole (shoe) sola f
soluble solúvel
some uns, umas, alguns, algumas
someone, somebody alguém, alguma pessoa
something alguma coisa
sometimes às vezes
somewhere em algum lugar
son filho m
son-in-law genro m
song canção f
soon breve, cedo
sore ferida f
sore, it's sore dorido/a, dói
sore throat dor de garganta
Sorry! Desculpe!
sort tipo m
soup sopa f
sour amargo/a
south sul m
South Africa África do Sul
South African sul-africano/a

souvenir lembrança f
spade pá f
Spain Espanha
Spaniard, Spanish espanhol/a
spanner chave-inglesa
spare part peça sobresselente
spare tyre pneu sobresselente
spark plug vela de ignição
sparkling efervescente, com gás
speak falar
speciality especialidade f
spectacles óculos mpl
speed velocidade f
speed limit limite de velocidade
speedometer velocímetro m
spell soletrar
spend (money) gastar
spend (time) passar
spice especiaria f
spider aranha f
spill derramar
spin-dryer secadora f
spinach espinafre m
spine espinha, espinhaço
spirit (soul) espírito m
spirits (drink) licores mpl
splinter lasca f
spoil estragar, arruinar

spoke (of wheel)
raio m
sponge esponja f
sponge cake
pão-de-ló m
spoon colher f
sprain (n) entorse m
sprain (vb) torcer
spring (season)
primavera f
square (adj) quadrado/a
square (n) praça f
stadium estádio m
stain mancha f
stairs escadas fpl
stale rançoso/a
stall tenda f, barraca f
stamp selo m
staple (n, food)
alimento básico
staple (vb) grampar
star estrela f
start começar
starter (car)
arranque m
station estação f
stationer's papelaria f
stationery artigos de
papelaria
statue estátua f
stay ficar, estar
steal roubar
steam vapor m
steep íngreme
steer dirigir
steering wheel
volante m
step passo m, degrau m

stepfather padrasto m
stepmother madrasta f
stew guisado m
stick (vb) colar, aderir
sticking plaster
adesivo m
still (yet) todavia
still (quiet) tranquilo/a
sting (n) picadela f
sting (vb) picar
stitch pontada f
stock (soup) caldo m
stocking meia f
stolen roubado
stomach estômago m
stomachache dor de
estômago
stone pedra f
stop parar
stop sign sinal de
paragem
stopover escala f,
pernoita f
store (n)
estabelecimento m
store (vb) abastecer
storey piso m, andar m
storm tempestade f
straight a direito
straight on sempre a
direito
straightaway
imediatamente
strange estranho/a
stranger
desconhecido/a
strap correia f
straw palha f

ENGLISH → PORTUGUESE

strawberry morango m
stream regato m
street rua f
street map mapa de estradas
strike (n) greve f
string corda f
striped às riscas
stroke (n) apoplexia f
strong forte m/f
stuck emperrado/a
student estudante m/f
student discount desconto de estudante
stuffed recheado/a
stupid estúpido/a
subtitle legenda f
suburb subúrbio m
subway metro m
suddenly de repente
suede camurça f
sugar açúcar m
sugar-free sem açúcar
suit fato m
suitcase mala f
summer verão m
summit cimeira f
sun sol m
sunblock creme de sol
sunburn queimaduras do sol
Sunday Domingo m
sunglasses óculos de sol
sunny cheio de sol
sunrise amanhecer m
sunroof tejadilho de abrir

sunset pôr do sol m
sunshade guarda-sol m
sunshine luz do sol
sunstroke insolação f
suntan bronzeado m
suntan lotion loção de bronzear
supper ceia f
supplement suplemento m
sure certo/a, seguro/a
surfboard prancha de surf
surgery (doctor's rooms) consultório m
surgery (procedure) cirurgia f
surname apelido m
surrounded rodeado/a
suspension suspensão f
swallow (vb) engolir
swear (an oath) prestar juramento
swear (curse) praguejar
swear word palavrão m
sweat (n) suor m
sweat (vb) suar
sweater camisola f
Sweden Suécia
Swedish, Swede (adj, n) Sueco/a
sweet doce m/f
swell inchar
swelling inchaço m
swim nadar

swimming costume
fato de banho, maiô
swing balanço m
Swiss Suíça
Swiss-German Suíço-
Alemão
switch interruptor m
switch off desligar
switch on ligar
Switzerland Suíça
swollen inchado/a
synagogue sinagoga f

T
table mesa f
table wine vinho de
mesa
tablecloth toalha de
mesa
tablespoon colher de
sopa
tailor alfaiate m
take tomar
take-away food
comida para levar
talcum powder pó de
talco
talk falar
tall alto/a
tampon tampão m
tangerine tangerina f
tank tanque m
tape fita f
tape measure fita
métrica
tape recorder
gravador m
taste (n) gosto m

tax imposto m
taxi táxi m
taxi driver taxista m/f
taxi rank praça de táxis
tea chá m
tea bag saquinho de
chá
teach ensinar
teacher professor/a
team equipa f
teapot bule m
tear (n) rasgão m
tear (vb) rasgar
teaspoon colher de chá
teat (bottle) tetina f
teeth dentes mpl
telephone telefone m
telephone call
telefonema m
telephone directory
lista telefónica
television televisão f
tell dizer
temperature
temperatura f
temple templo m
temporary
temporário/a
tendon tendão m
tennis ténis m
tennis court campo
de ténis
tennis racket raqueta
de ténis
tent tenda f
tent peg estaca f
terminal terminal m
thank agradecer

ENGLISH → PORTUGUESE

that esse/essa m/f
the o/a m/f
theatre teatro m
theft roubo m
there ali, além
thermometer termómetro m
they eles/elas m/f
thick espesso/a
thief ladrão/ladroa m/f
thigh coxa f
thin magro/a
thing coisa f
think pensar
third-party insurance seguro contra terceiros
thirsty com sede
this isto, este/a
this morning esta manhã
this way por aqui
this week esta semana
thorn espinho m
those esses/essas m/f
thousand mil
thread linha f
throat garganta f
throat lozenges pastilhas para a garganta
through através de, por
throw atirar
thumb polegar m
thunder trovão m
thunderstorm trovoada f
Thursday Quinta-feira f
ticket bilhete m

ticket collector revisor/a
ticket office bilheteira f
tide, low tide, high tide maré, maré baixa, maré alta
tie gravata f
tight apertado/a
tights meias fpl
till (cash register) caixa f
till (until) até
time tempo m, hora f
timetable horário m
tin lata f
tin opener abre-latas m
tinfoil papel de alumínio
tiny minúsculo/a
tip gorjeta f
tired cansado/a
tissue lenço de papel
to a
toad sapo m
today hoje
toe dedo do pé
together juntos/as
toilet toucador m, quarto de banho
tolerate tolerar
toll, toll road portagem f, estrada de portagem
tomato tomate m
tomato juice sumo de tomate
tomorrow amanhã m

tomorrow morning/ afternoon/evening amanhã de manhã/ à tarde/à noite
tongue língua f
tonight esta noite
tonsillitis tonsilite f
too também
too much demasiado/a
tool ferramenta f
toolkit caixa de ferramentas
tooth dente m
toothache dor de dentes
toothbrush escova dos dentes
toothpick palito m
top parte de cima
top floor último andar
topless topless
torch lanterna
torn rasgado/a
total total m
tough duro/a, forte
tour passeio, excursão f
tour guide guia turístico/a
tour operator operador de turismo
tow rebocar
towel toalha f
tower torre f
town cidade f, vila
town hall salão municipal
toy brinquedo m
tracksuit fato de treino
traffic tráfego m

traffic jam engarrafamento m
traffic light semáforo m
trailer reboque m
train comboio m
tram carro eléctrico
tranquillizer calmante m
translate traduzir
translation tradução f
translator tradutor/a
trash lixo m
travel viajar
travel agent agente de viagens
travel documents documentos de viagem
travel sickness enjoo m
traveller's cheque cheque de viagem
tray bandeja f
tree árvore f
trolley carrinho m
trouble problemas mpl
trousers calças fpl
trout truta f
truck camião m
true verdade
trunk (of car) bagageira f
try tentar
try on provar
tube tubo m, câmara-de-ar
tuna atum m
tunnel túnel m
turkey peru m
Turkey Turquia

ENGLISH → PORTUGUESE

ENGLISH → PORTUGUESE

Turkish, Turk turco/a
turn voltar
turn around dar a volta
turn off desligar
turquoise turquesa f
tweezers pinças fpl
twice duas vezes
twin beds camas
  gémeas
twins gémeos/as
type tipo m
typical típico
tyre pneu m
tyre pressure pressão
  dos pneus

U
ugly feio/a
ulcer úlcera f
umbrella guarda-
  chuva m
uncle tio m
uncomfortable
  incómodo/a
unconscious
  inconsciente
under sob
underdone meio cru
underground (adj)
  subterrâneo/a
**underground
  (subway)** metro m
underpants cuecas fpl
understand
  compreender
underwear roupa
  interior

unemployed
  desempregado/a
United Kingdom Reino
  Unido
United States Estados
  Unidos
university
  universidade
unleaded petrol
  gasolina sem chumbo
unlimited sem limite
unlock abrir
unpack desfazer as
  malas
unscrew
  desaparafusar
until até
unusual fora do vulgar
up para cima
up-market superior m/f
upside down de
  pernas para o ar
upstairs em cima
urgent urgente
us nós
use (vb) usar, utilizar
useful útil
usual habitual
usually normalmente

V
vacancy quarto livre
vacation férias fpl
vaccine vacina f
vacuum cleaner
  aspirador m
valid válido/a
valley vale m

valuable valioso/a
value valor m
valve válvula f
van carrinha f
VAT Imposto sobre o Valor Acrescentado (IVA)
veal vitela f
vegetables vegetais mpl
vegetarian vegetariano/a m/f
vehicle veículo m
vein veia f
vending machine vendedora automática
venereal disease doença venérea
very muito/a
vest camiseta f
vet (veterinarian) veterinário/a m/f
via via f
Vienna Viena
view vista f
village aldeia f
vinegar vinagre m
vineyard vinhedos m
violet violeta f
virus vírus m
visa visto m
visit visita f
visiting hours horas de visita
visitor visitante m/f
voice voz f
volcano vulcão m
voltage tensão, voltagem

vomit vomitar
voucher vale m

W
wage salário m
waist cintura f
waistcoat colete m
wait esperar
waiter/waitress empregado/a de mesa
waiting room sala de espera
wake up acordar
wake-up call chamada para despertar
Wales País de Gales
walk (vb) caminhar, andar
wall parede f
wallet carteira f
walnut noz f
want querer
war guerra f
ward (hospital) enfermaria f
wardrobe guarda-roupa m
warehouse armazém m
warm quente
wash lavar
washbasin bacia f
washing powder sabão em pó
washing-up liquid detergente liquido
wasp vespa f
waste desperdício m

ENGLISH → PORTUGUESE

ENGLISH → PORTUGUESE

waste bin balde do lixo
watch (n) relógio m
watch (vb) ver, vigiar
watch strap pulseira de relógio
water água f
watermelon melancia m
waterproof à prova de água
water-skiing esqui aquático
wave onda f
we nós
weak fraco/a
wear usar, vestir
weather tempo m
weather forecast previsão do tempo
web rede f, teia f
wedding casamento m
wedding present presente de casamento
wedding ring aliança de casamento
Wednesday Quarta-feira f
week - last week, this week, next week, a week ago semana – a semana passada, esta semana, a próxima semana, há uma semana
weekday dia de semana

weekend fim de semana
weekly semanalmente
weigh pesar
weight peso m
weird esquisito/a, estranho/a
welcome bem-vindo/a
well bem
Welsh, Welshman, Welshwoman Galês m, Galesa f
were eras/estavas, éramos/estávamos, éreis/estáveis, eram/estavam
west oeste m
wet molhado/a
wetsuit fato de mergulho
What? Quê?
What is wrong? Há algum problema?
What's the matter? Que se passa?
What's the time? Que horas são?
wheel roda f
wheel clamp imobilizador de rodas de carro
wheelchair cadeira de rodas
When? Quando?
Where? Onde?
Which? Qual?
while enquanto
whipped cream creme chantilly

white branco/a
Who? Quem?
whole (adj) inteiro/a
whole (n) todo/a
wholemeal bread pão integral
Whose? De quem?
Why? Porquê?
wide largo/a
widower, widow viúvo, viúva
wife esposa f
wig peruca f
win ganhar
wind vento m
window janela f
window seat lugar à janela
windscreen pára-brisas m
windscreen wiper limpa-pára-brisas m
windy ventoso/a
wine vinho m
wine glass copo de vinho
winter inverno m
wire arame m
wish desejar
with com
without sem
witness testemunha f
wolf lobo/a
woman mulher f
wood madeira f
wool lã f
word palavra f
work trabalhar

world mundo m
worried preocupado/a
worse pior
worth que vale a pena
wrap up envolver, embrulhar
wrapping paper papel de embrulho
wrinkles rugas fpl
wrist pulso m
write escrever
writing paper papel de escrever

X
X-ray raio-X m

Y
yacht iate m
year ano m
yellow amarelo/a
yellow pages páginas amarelas
yes sim
yesterday ontem
yolk gema f
you tu (sing), vocês (pl)
young jovem
your teu/tua
youth hostel pousada da juventude

Z
zero zero m
zipper, zip fastener fecho-éclair m
zone zona f
zoo jardim zoológico

ENGLISH → PORTUGUESE

PORTUGUESE → ENGLISH

A

a at, to

a direito straight

a ela/e to her/him

a maioria most

à mão nearby (adv)

a mim me

a pagar due

à prova de água waterproof

a próxima semana next week

a semana passada last week

abastecer supply (vb)

abater knock down

abcesso m abscess

abelha f bee

aberto/a open

aborrecido/a boring

aborto m abortion

abre-latas m can opener, tin opener

abridor de garrafas bottle opener

abrigado/a sheltered

abrir open (vb)

abundante plenty

acabar finish (vb)

acalefa jellyfish

acampar camp (vb)

aceitar accept

acelerador m accelerator

acender light (vb), switch on

acento accent

acidente m accident

acidente de estrada road accident

acolá over there

acompanhamento m side dish

aconselhar advise

acontecer happen

acordar awake, wake up

acordo m agreement

acreditar believe

açúcar m sugar

adaptador m adapter

adega f cellar

aderir stick (vb)

adesivo m sticking plaster

adeus goodbye

adiantado in advance

adiar postpone

adulto/a adult (adj, n)

advogado/a lawyer

aerodeslizador m hovercraft

aeroporto m airport

afiado/a sharp

África do Sul South Africa

afta f mouth ulcer

agenda f diary

agente da polícia policeman/woman

agente de viagens travel agent

agente imobiliário/a estate agent

agitar shake

agora now

agradável nice
agradecer thank
agradecido/a grateful
água f water
água mineral mineral water
água potável drinking water
aguardente f brandy
aguentar put up with, endure
águia f eagle
agulha f needle
agulha de tricô knitting needle
agulha hipodérmica hypodermic needle
aipo m celery
ajuda f help, assistance
ajudar help, assist (vb)
alavanca f lever
alavanca de velocidades gear lever
aldeia f village
alegre m/f glad
alegria f joy
além there, over there
Alemanha Germany
Alemão m, **Alemã** f German
alface f lettuce
alfaiate m tailor
alfândega f customs
alfinete m pin
alfinete de segurança safety pin
alga f seaweed

algodão m cotton
algodão hidrófilo cotton wool
alguém anybody, someone
alguma coisa something
alguma pessoa somebody
alguns/algumas a few, some
alho m garlic
alho-porro m leek
ali there
aliança de casamento wedding ring
alicate m pliers
alimentar feed (vb)
alimento m food
alimento básico staple food
almoço m lunch
almofada f cushion, pillow
alojamento m accommodation
alpinismo m mountaineering
altercar quarrel (vb)
alto/a high, tall
altura f height
alugar hire, let (vb)
aluguer m rent (n)
aluguer de carros car hire
ama de crianças nanny
amanhã m tomorrow

**amanhã de manhã/
à tarde/à noite**
tomorrow morning/
afternoon/evening
amanhecer m dawn,
sunrise
amar love (vb)
amarelo/a yellow
amargo/a sour
amável friendly, kind
âmbar m amber
ambos both
ambulância f
ambulance
ameixa f plum
amêndoa f almond
amendoim m peanut
amigo/a friend
amor m love (n)
amortecedor m shock
absorber
ampliação f
enlargement
analgésico m painkiller
ananás m pineapple
anca f hip
ancinho m rake
ancoragem f mooring
andar m apartment,
floor, storey
andar walk (vb)
andar a cavalo ride
(a horse)
andar de bicicleta
cycle (vb)
anedota f joke
anel m ring (n)
anestesia f anaesthetic

animal m animal
animal doméstico pet
aniversário m
anniversary
ano m year
Ano Novo New Year
antes, antes de before
antiácido antacid
anual annual
anúncio m sign (n),
advertisement
ao ar livre outdoors
apanhar catch (vb)
aparelho de barbear
razor
**aparelho para a
surdez** hearing aid
apartamento m flat (n),
apartment
apelido m surname
apenas hardly, only
apendicite f
appendicitis
apertado/a tight
apertar fasten
**apertar o cinto de
segurança** fasten
seatbelt
apesar de despite,
in spite of
apontar point (vb)
apoplexia f stroke (n)
aposentado/a old-age
pensioner
apostar bet (vb)
aprender learn
apresentar introduce
(people), present (vb)

apressar-se rush, hurry (vb)
aproximadamente about, approximately, roughly
aquecedor m heater
aquecer demais overheat
aquecimento m heating
aquecimento central central heating
aqui here, over here
ar m air
ar condicionado air conditioning
arame m wire
aranha f spider
arbusto m bush
área f area
areia f sand
argola f ring (n)
arma de fogo gun
armação f frame
armário m cupboard
armário com chave locker
armazém m store (n), warehouse
arquivo m file (folder)
arrabaldes mpl outskirts
arranhão m scratch (n)
arranhar scratch (vb)
arranjar arrange, fix (vb)
arranque m starter (car)
arrendar lease (vb)
arroz m rice

arruinar spoil
arte f art
artesanato m craft
articulação joint
artigos de papelaria stationery
artista m/f artist
árvore f tree
às riscas striped
às vezes sometimes
áspero/a rough
aspirador m vacuum cleaner
assalto m burglary
assento m seat
assinar sign (vb)
assinatura f signature
assunto m matter
atacar attack (vb)
atalho m short-cut
ataque m attack (n)
ataque de coração heart attack
até even (adv), till, until
atingir hit (vb)
atirar throw (vb)
atordoado/a dizzy
atrás behind
através de through
atravessar cross (vb)
atrevimento m cheek
atum m tuna
audiência f audience
auscultador m receiver (telephone)
auscultadores mpl earphones, headphones
autocarro m bus

PORT

auto-estrada f
freeway, motorway
automóvel m car
autónomo/a freelance
autorização f permit (n)
autorizar permit (vb)
auto-serviço self-
service
avalancha f avalanche
avanço advance
avaria f breakdown
(of car)
avariado/a out of order
aveia f oats
avelã f hazelnut
avenida f avenue
avental m apron
avião m aeroplane,
plane
avó f grandmother
avô m grandfather
avós mpl grandparents
azeite m olive oil
azeitona f olive
azia f heartburn
azul blue
azul marinho m navy
blue

B
bacalhau m cod
bacia f washbasin
bagageira f trunk
(of car)
bagagem f baggage,
luggage
bagagem de mão
hand luggage

baía f bay
bainha f hem
baixo/a low
balança f scales
balanço m swing
balcão m balcony,
counter
**balcão de
informações**
enquiry desk
balde m bucket, pail
balde do lixo dustbin,
waste bin
bandeja f tray
banheira f bath
bar *gay* gay bar
barata f cockroach
barato/a cheap
barba f beard
barbatanas fpl flippers
barbear shave (vb)
barbearia f barber's
shop
barca para carros f
car ferry
barco m boat, ship
barco a motor
motorboat
barco de travessia
ferry
barco pequeno dinghy
barra de chocolate
bar of chocolate
barraca f stall
barril m barrel
barulhento/a noisy
barulho m noise
bastante enough, fairly

batata f potato
batatas fritas fpl chips, crisps, French fries
bater knock (vb)
bater em hit (vb)
bateria descarregada flat battery
batom m lipstick
bêbedo/a drunk
beber drink (vb)
bebida f drink (n)
beijar kiss (vb)
beijo m kiss (n)
Belga m/f Belgian (adj, n)
Bélgica Belgium
bem well
bem-vindo/a welcome
berço m cot
berço portátil m carry-cot
biblioteca f library
bicha f queue (n)
bicicleta f bicycle
bigode m moustache
bilhete m ticket
bilhete aberto open ticket
bilhete de avião m air ticket
bilhete de ida single ticket
bilhete de ida e volta return ticket
bilhete de identidade identity card
bilhete de temporada season ticket

bilhete postal postcard
bilheteira f ticket office
binóculos m binoculars
biscoito m cookie, biscuit
bloqueado/a blocked
blusa f blouse
boa f good
boa noite good evening, good night
boa sorte good luck
boa tarde good afternoon
boca f mouth
bochecha f cheek
bolacha f cookie
bolbo m bulb (plant)
bolha de água f blister
bolo m cake
bolsa f bag, carrier bag
bolsa de mão handbag
bolso m pocket
bom m good
bom dia good day, good morning
bomba f pump (n), bomb
bombeiros mpl fire brigade
bombons m candy, chocolates
boné m cap
boneca f doll
bonito/a beautiful, pretty
borboleta f butterfly
borda f edge
borracha f eraser, rubber

bota de esquiar ski boot
botão m button
botas f boots
botões de punho mpl cufflinks
branco/a white
branquear bleach (vb)
breve soon
briga f fight (n)
brigar fight (vb)
brilhante bright
brilho m shine
brincos mpl earrings
brinquedo m toy
brisa f breeze
broca f drill (n)
broche m brooch
bronquite bronchitis
bronzeado m suntan
Bruxelas Brussels
bule m teapot
buraco m hole, pothole
burgalhão shingle
buscar fetch
bússola f compass
buzina f horn (car)

C
cabeça f head
cabeleireiro/a hairdresser
cabelo m hair
cabide m coat hanger
cabina f cabin
cabina de provas fitting room

cabina telefónica phone booth
cabo m cable, handle
cabo de extensão extension lead
cabos de conexão da bateria jump leads
cabra f goat
caçar hunt
caçarola f pan
cacau m cocoa
cachimbo m pipe (smoking)
cacho m bunch
cada each, every
cada qual everyone
cada um/a each one
cadeado m padlock
cadeira f chair
cadeira alta high chair
cadeira de braços armchair
cadeira de carro para crianças child car seat
cadeira de pátio deck chair
cadeira de rodas wheelchair
caderno m notebook
caducar expire
café m coffee
café gelado iced coffee
café instantâneo instant coffee
cãibra f cramp
cair fall (vb)

cais m platform, quay
caixa f box, cash desk, till (cash register)
caixa m cashier
caixa automático m auto-teller, cash dispenser
caixa de cartão f carton
caixa de ferramentas toolkit
caixa de fusíveis fuse box
caixa de primeiros socorros first-aid kit
caixa de velocidades gearbox
caixa do correio letterbox, postbox
caixa do lixo bin
caixa frigorífica cool bag, cool box
caixa postal post office box
caixilho m frame (n)
calçada f pavement
calcanhar m heel
calças fpl pants, trousers
calcinhas fpl knickers, panties
calções mpl shorts
calculadora f calculator
caldo m stock (soup)
calma calm
calmante m tranquillizer
calmo/a quiet
calor m heat

cama f bed
cama de casal double bed
cama de criança cot
cama de solteiro single bed
câmara-de-ar f inner tube
camarão m shrimp
camarão grande prawn
camas gémeas twin beds
câmbio m exchange (n), rate of exchange
camião m lorry, truck
caminhar go (on foot), walk (vb)
caminho m path, footpath
caminho de ferro railway
camisa f shirt
camisa de noite nightdress
camiseta f vest
camisola f jersey, jumper, sweater
campainha f bell, doorbell
campo m countryside, field
campo de golfe golf course
campo de ténis tennis court
camurça f suede

cana de pesca fishing rod

Canadá Canada

canal m canal, channel

Canal da Mancha English Channel

canalizador/a plumber

canção f song

cancelamento m cancellation

cancelar cancel

cancro m cancer

caneca f mug

caneta f pen

canhoto/a left-handed

cano m pipe (plumbing)

cano de esgoto drain

canoa f canoe

cansado/a tired

cantar sing

cantor/a singer

cão m dog

capacete m helmet, crash helmet

capela f chapel

capital f capital (city)

capital m capital (money)

capô m hood, bonnet (car)

capota f roof (car)

capuz m hood (garment)

cara f face

caranguejo m crab

caravana f caravan

carburador m carburettor

carne f meat

carne de porco pork

carne de vaca beef

carne picada minced meat

carneiro m mutton

carniceiro/a m/f butcher

caro/a expensive

carpete f carpet

carpinteiro m carpenter

carregar carry, charge

carrinha f van

carrinho de criança buggy, pram

carrinho m pushchair, trolley

carro m car

carro de aluguer hire car

carro eléctrico tram

carruagem f coach

carruagem-cama sleeper, sleeping car

carta f letter

carta de condução driving licence

cartão m card, cardboard

cartão de chamadas phone card

cartão de crédito charge card, credit card

cartão de embarque boarding card

cartão de identidade bancário cheque card

cartão de parabéns m birthday card

cartaz m poster

carteira f wallet

carteirista pickpocket

carteiro m postman/postwoman

carvalho m oak

carvão m charcoal, coal

casa f home, house

casa de hóspedes guesthouse

casa de quinta farmhouse

casaco m coat, jacket

casaco de lã m cardigan

casaco de peles fur coat

casado/a married

casal m couple

casamento m wedding

casca f peel (n)

caso m case

cassete f cassette

castanha f chestnut

castanho/a brown

castelo m castle

casual accidental

catedral f cathedral

católico/a m/f Catholic

cavalo m horse

cave f basement, cellar

caverna f cave

cavilha f peg

cebola f onion

cebolinho m chives

cego/a blind (adj)

ceia f supper

celeiro m barn

cemitério m cemetery

cenoura f carrot

centígrado m Centigrade

centímetro m centimetre

centro m centre

centro comercial shopping centre

centro da cidade city centre

centro musical music centre

cera f polish (n)

cerâmica f pottery

cerca de about, approximately

cereja f cherry

certamente absolutely, certainly

certidão de nascimento birth certificate

certificado m certificate

certificar register (vb)

certo (adj) certain, correct

certo (adv) certainly

cerveja f beer

cerveja de barril draught beer

cerveja leve e clara lager

cesto/a basket

céu m sky

chá m tea

chá de ervas herbal tea

chaleira eléctrica kettle

chamada f call (n)

chamada a cobrar reverse-charge call

chamada interurbana long-distance call

chamada paga pelo destinatário collect call

chamada para despertar wake-up call

chamar call (vb)

chaminé f chimney

champanhe m champagne

chão m floor (of room)

chapéu m hat

charuto m cigar

chave f key

chave de fendas screwdriver

chave de ignição ignition key

chaveiro m key ring

chávena f cup

chaves do carro car keys

chegada f arrival

chegar arrive, come in

cheio de sol sunny

cheio/a full, fed-up

cheirar smell (vb)

cheque m cheque

cheque de viagem traveller's cheque

China China

chinelas fpl flip flops, slippers

chocar crash (vb), collide

chocolate m chocolate

chorar cry (vb)

chumbo m filling (tooth), lead (n, metal)

chupa-chupa m lollipop

chupeta f dummy, pacifier

chuva f rain

chuveiro m shower

cidadã f citizen

cidadão m citizen

cidade f city, town

cigarro m cigarette

cimeira f summit

cinema m cinema

cinta dental f dental floss

cinto m belt

cinto de segurança safety belt, seatbelt

cinto para dinheiro money belt

cinto salva-vidas life belt

cintura f waist

cinzento/a grey

círculo m circle

cirurgia f surgery (procedure)
cisterna f cistern
cistite f cystitis
ciumento/a jealous
claro absolutely, certainly, definitely
claro/a clear (adj), light (adj, colour)
classe f class
classe económica economy class
clavícula f collarbone
cliente m/f client, customer
clima m climate
clínica f clinic
clube de golfe golf club (place)
coador m colander
cobertor m bedspread
cobertura f quilt
cobertura do edredão duvet cover
cobra f snake
cobrar collect
cobrar em excesso overcharge
Coca Cola f Coke
coche m coach
coco m coconut
código m code
código de chamada dialling code
código postal postal code
coelho/a rabbit
cofre m safe (n)

cogumelo m mushroom
coisa f thing
cola f glue
colar stick (vb)
colar m necklace
colarinho m collar
colcha f quilt
colchão m mattress
colega m/f colleague
colete m waistcoat
colete salva-vidas life jacket
colheita f harvest
colher f spoon
colher de chá teaspoon
colher de sopa tablespoon
collants pantyhose
com with
com cozinha self-catering
com experiência experienced
com fome hungry
com gás sparkling
com prisão de ventre constipated
com sede thirsty
com sono sleepy
comboio m train
comboio expresso express (train)
combustível m fuel
começar start (vb)
comédia f comedy
comer eat

comichão f itch (n)

comida f food

comida para bébés baby food

comida para levar take-away food

Como? How?

como like (prep.)

Como está? How do you do?

Como estás? How are you?

comoção distress, commotion

cómoda f chest of drawers

companheiro/a partner (companion)

companhia f company

compartilhar share (vb)

compartimento m compartment

completamente completely, quite

compositor/a m/f composer

compota f jam

comprar buy

compreender realize, understand

comprido/a long (adj, size)

comprimido para dormir sleeping pill

comprometido/a engaged (to be married)

computador m computer

Comunidade Europeia EC

concerto m concert

concessão f concession

concordar agree

condição f condition

condução à direita right-hand drive

condução à esquerda left-hand drive

condutor/a driver

conduzir drive, go by car

conexão f connection (elec)

conferência f conference

confirmação f confirmation

confirmar confirm

confortável comfortable

confundir mix up (vb)

confusão f mix-up (n)

confuso/a confused

congelado/a frozen

congelador m freezer

conhaque m brandy

consciente conscious

conselho m advice

consertar repair (vb)

Consoada Christmas Supper

construir build

consulado m consulate

consultório m surgery (doctor's rooms)

conta f account, bill
contacto m contact
contactos mpl points (car)
contador m meter
contagioso/a infectious
continuamente continuously (adv)
continuar continue
contra against
contraceptivo m contraceptive
contrato m contract, lease (n)
controle de passaporte pass control
convencional formal
conveniente convenient
convidar invite
convite m invitation
cópia f copy (n)
copiar copy (vb)
copo m glass (tumbler)
copo de vinho wine glass
cor f colour
coração m heart
corda f rope, string
corda de estender a roupa clothes line
corda enrolada coil (rope)
cordão de sapatos shoelace
cordeiro m lamb
cor-de-rosa pink

corno m horn (animal)
coro m choir
coroa f crown
corpo m body
correctamente properly
correcto/a correct (adj)
corredor m corridor
correia f strap
correia da ventoinha fanbelt
correio m mail (n), post (n), post office
correio aéreo airmail
correio central main post office
correio registado registered mail
corrente current
corrente de ar draught
correr run (vb)
correspondente m/f penfriend
corrida f race (sport)
corridas de cavalos horse racing
cortar chop, cut
corte de cabelo haircut
corte de energia power cut
cortiça f cork
cortina f curtain
coruja f owl
coser sew
costa f coast
costas f back

costela f rib
costume m custom
cotovelo m elbow
couro m leather
couve f cabbage
couve-flor f cauliflower
coxa f thigh
coxia aisle
cozinha f kitchen
cozinha pequena
  kitchenette
cozinhar cook (vb)
cozinheiro/a m/f chef,
  cook (n)
creme m cream
creme chantilly
  whipped cream
creme de pasteleiro
  custard
creme de sol sunblock
creme hidratante
  moisturizer
criada f maid
criada de quarto
  chambermaid
criança f child
crime m crime
cru/a raw
cruz f cross (n)
cruzamento m
  crossing, intersection
cruzar cross (vb)
cruzeiro m cruise
cuecas fpl underpants
cuidado care
cuidadoso/a careful
cuidar de look after
cunhada f sister-in-law

cunhado m brother-in-
  law
curso m course
curso de línguas
  language course
curto/a short
custo m cost

D

da noite, da tarde
  p.m. (after noon)
dados mpl dice, data
daltónico/a colour blind
dançar dance (vb)
dano m injury
dar give
dar a volta turn around
dar um pontapé
  kick (vb)
dar-se conta realize
data f date (of year)
data de nascimento
  date of birth
data de vencimento
  sell-by date
de from (origin), of, off
de hora em hora
  hourly (adj)
de má qualidade
  poor (quality)
de manhã a.m. (before
  noon)
de novo again
de outra maneira
  otherwise
de pernas para o ar
  upside down
De quem? Whose?

de repente suddenly
de tamanho médio
  medium sized
de tracção às quatro
  rodas four-wheel drive
de vez em quando
  occasionally
debaixo de chave
  locked in
decantar pour
decidir decide
decisão f decision
dedo m finger
dedo do pé toe
deduzir deduct
defeito m fault, flaw
defeituoso/a faulty
deficiente faulty
definitivamente
  definitely
degrau m step
deitar-se lie down
deixar allow, leave,
  let (vb)
deliberadamente
  deliberately
delicado/a polite
delicioso/a delicious
demasiado/a too much
demora f delay
dentaduras fpl
  dentures
dente m tooth
dentes mpl teeth
dentista m/f dentist
dentro in, inside
dentro de casa
  indoors

depois after, afterwards
depósito m deposit
depressa quickly
derramar spill
derreter melt
derrubar knock over
desabamento de
  terra landslide
desafio m match
  (sport)
desagradável nasty,
  unpleasant
desaparafusar
  unscrew
desaparecer disappear
desaparecido/a
  missing
desarrumar mess
  up (vb)
desastre m disaster
descafeinado/a
  decaffeinated
descansar rest (relax)
descascar peel (vb)
descer get off, climb
  down
descobrir discover
desconhecido/a
  stranger
desconto m discount
desconto de
  estudante student
  discount
descrever describe
descrição f description
desculpa f apology,
  excuse (n)

Desculpe! Excuse me! Sorry!

desde from (time), since

desejar wish

desempregado/a unemployed

desenho m drawing

desenvolver develop

deserto m desert

desfazer as malas unpack

desiludido/a disappointed

desinfectante m disinfectant

desligado/a off, disconnected

desligar switch off, turn off, hang up (phone)

deslizar slide (vb)

desmaiar faint (vb)

desmaquilhador para olhos eye make-up remover

desperdício m waste

despesas fpl expenses

destino m destination

desvio m bypass (road), detour

detergente m cleaning solution, detergent

detergente líquido washing-up liquid

Deus m God

dever have to, must, owe, shall

devolver give back, refund (vb)

Dezembro December

dia m day

dia de anos birthday

dia de semana weekday

dia feriado public holiday

diabético/a diabetic

diamante m diamond

diapositivo m slide (n, photo)

diariamente daily

diário m diary

diarreia f diarrhoea

dicionário m dictionary

diesel m diesel

dieta f diet

diferença m difference

diferente different

difícil difficult

dificilmente with difficulty

Dinamarca Denmark

dínamo m dynamo

dinheiro m money

dinheiro à vista cash

direcção f direction

directo/a direct (adj)

direito/a right

dirigir steer (vb)

disco m disk, record (n, music)

disco de estacionamento parking disc

disco rígido hard disk

discórdia m quarrel (n)

discutir quarrel (vb)

disfrutar enjoy
disponível available
dissolvente de verniz nail polish remover
distância f distance
distante far (adv)
distrito m district
DIU (dispositivo intra-uterino) coil (contraceptive)
diversão f fun (n)
divertido/a fun (adj)
dívidas fpl debts
dividir share (vb)
divorciado/a divorced
dizer say, tell
dobrar bend, fold (vb)
dobro double
doce m/f sweet
doce de laranja marmalade
documento m document, record (n, legal)
documentos de viagem travel documents
doença f disease, illness
doença venérea venereal disease
doente ill, sick
doente m/f patient
doer hurt (vb)
dói hurts
doloroso/a painful
doméstico/a domestic
Domingo m Sunday
dor f ache, pain

dor de cabeça headache
dor de costas backache
dor de dentes toothache
dor de estômago stomachache
dor de garganta sore throat
dor de ouvido earache
dorido/a sore
dormir sleep (vb)
droga f drug (narcotic)
duas vezes twice
duplo double
durante during
durante a noite overnight
duro/a hard, tough
dúzia f dozen

E
e and
é is
economia f economy
ecrã m screen
edifício m building
edifício de apartamentos block of flats
edredão m duvet
educado/a polite
efervescente fizzy, sparkling
ela f she, her
elástico/a elastic
ele m he, him

ele/ela it (subject)
electricidade f
electricity
electricista m/f
electrician
eléctrico/a electric
elegante elegant, posh
eles/elas m/f they
elevador m elevator,
lift (n)
elevador de cadeira
chair lift
elixir para a boca
mouthwash
em at, in, on
em algum lugar
somewhere
em baixo below,
downstairs
em cima upstairs
em cima de on,
on top of
em forma fit (healthy)
em toda a parte
everywhere
em vez de instead
embaixada f embassy
embalagem f package
embora although
embotado/a blunt
embraiagem f clutch
(car)
embrulhar wrap up
embrulho m parcel
ementa f menu
ementa fixo set menu
emergência f
emergency

empacotar pack (vb)
emperrado/a stuck
emplastro m plaster
empregado/a shop
assistant
**empregado/a de
mesa** waiter/waitress
emprestar lend
empurrar push (vb)
encantado/a delighted,
enchanted
encantador/a lovely,
charming
encaracolado/a curly
encerrado/a closed
encher fill, fill in, fill up
encher de ar inflate
encolher shrink (vb)
encomenda f order (n)
encomendar order (vb)
encontrar find, meet
encontro m meeting
encontro marcado m
appointment
encosta downhill, slope
encruzilhada f
crossroads
enfermaria f ward
(hospital)
enfermeira/o nurse
enferrujado/a rusty
engarrafamento m
traffic jam
engenheiro/a engineer
engolir swallow (vb)
engomar iron (vb)
engraçado/a funny
engraxar polish (vb)

engrenagem f gear
engrenagem de marcha atrás reverse gear
enguia f eel
enjoado/a seasick
enjoo m travel sickness
enquanto while
ensinar teach
entorse m sprain (n)
entrada f admission fee, cover charge, entrance, lobby
entrar come in, enter
entre among
entrega f delivery
entregar deliver
envelope m envelope
envergonhado/a shy
enviar send
enviar pelo correio mail, post (vb)
envolver wrap up
enxaqueca f migraine
epilepsia f epilepsy
epiléptico/a epileptic
equipa f team
equipamento m equipment
era/estava were
erro m error, fault
erupção cutânea rash
ervas fpl herbs
ervilha f pea
escada de mão m ladder
escada rolante escalator

escadas fpl stairs
escala f stopover
escalfado/a poached
escapar escape (vb), get off
escape leak (n)
escocês, escocesa Scot, Scottish
Escócia Scotland
escola f school
escola infantil nursery school
escolher choose
esconder hide
escorregadio slippery
escorregar slide (vb)
escorregar slip (vb)
escova f brush
escova de esfregar scrubbing brush
escova de unhas nail brush
escova do cabelo hairbrush
escova dos dentes toothbrush
escrever write
escritório m office
escuro/a dark, gloomy
escutar hear
esferográfica f ballpoint pen
Eslováquia Slovak
esmalte de unhas nail polish
Espanha Spain
espanhol/a Spaniard, Spanish

espantoso astonishing
especialidade f
speciality
especialmente
especially
especiaria f spice
espectáculo m
show (n)
**espectáculo de
fantoches**
puppet show
espelho m mirror
espelho retrovisor
rear-view mirror
esperança f hope
esperar expect, wait
**esperar com
antecipação**
look forward to
esperto/a clever
espesso/a thick
espinafre m spinach
espinha spine
espinhaço spine
espinho m thorn
espírito m mind, spirit,
soul
espirrar sneeze (vb)
esponja f sponge
esposa f wife
esquadra da polícia
police station
esquecer forget
esquerda/o left
esqui m ski (n)
esqui aquático
water-skiing
esquiar ski (vb)

esquina f corner
esquisito/a weird, odd
esse/essa m/f that,
that one
essencial essential
esses/essas m/f those
está a nevar it is
snowing
esta manhã this
morning
esta noite tonight
esta semana this week
estabelecimento m
store (n)
estaca f tent peg
**estação de caminho
de ferro** railway
station
estação de serviço
petrol station
estação f season,
station
estacionar park (vb)
estádio m stadium
Estados Unidos
United States
estão are
estar be, stay
estar de acordo
agree
estátua f statue
este/a this
estômago m stomach
Estónia Estonia
estrada f motorway,
road
estrada de portagem
toll road

estrada periférica
  ring road
estrado m platform
estragar spoil
estrangeiro/a m/f
  foreigner
estranho/a odd,
  strange, weird
estreito/a narrow
estrela f star
estudante m/f student
estúpido/a stupid
etiqueta f label, luggage
  tag
eu I
eu estou I am
eu mesmo/a myself
eu sou I am
Europa Europe
Europeu/Europeia
  European (adj, n)
evitar avoid
exactamente exactly
exacto/a accurate
exame m examination
exausto/a exhausted
excelente excellent
excepto except
excesso de bagagem
  excess luggage
excitante exciting
excluir exclude
excursão f tour,
  excursion
excursão com guia
  guided tour
exemplo m example
exótico/a foreign, exotic

explicar explain
explosão f explosion
exportar export
exposição f exhibition,
  exposure
extensão f extension
exterior outside
extintor de incêndios
  fire extinguisher
extra extra
extraordinário/a
  extraordinary, amazing

F
fábrica f factory
fábrica de cerveja
  brewery
faca f knife
face f face
fachada f façade
fácil easy
factura f invoice
falar speak, talk
falésia f cliff
falsificar fake (vb)
falso/a fake (adj)
família f family
famoso/a famous
farinha f flour
farmacêutico/a m/f
  chemist, pharmacist
farmácia f pharmacy
faróis dianteiros
  headlights
farrapo m rag
fatia f slice
fato m suit

fato de banho
  swimming costume
fato de mergulho
  wetsuit
fato de treino tracksuit
fava f bean
fax m fax
fazenda f farm
fazer do, make
fazer comichão
  itch (vb)
fazer jogging jog (vb)
fazer marcha atrás
  reverse (vb)
fazer o registo
  check in
febre f fever
febre do feno hay
  fever
fechadura f lock (n)
fechadura central
  central locking
fechar shut
fechar à chave
  lock (vb)
fecho-éclair m zipper,
  zip fastener
feijão m bean
feio/a ugly
feira f fair (fête)
feito/a made, done
feito à mão handmade
Felicitações!
  Congratulations!
feliz happy
Feliz Ano Novo! Happy
  New Year!
felizmente fortunately

fêmea f female (n)
feminino/a female (adj)
férias fpl holidays,
  vacation
férias organizadas
  package holiday
ferida f bruise (n), sore
ferido/a injured
ferimento injury
ferramenta f tool
ferreiro m ironmonger's
ferro m iron (n, metal)
ferro de engomar
  iron (n, appliance)
ferver boil (vb)
festa f party
  (celebration)
festival m festival
Fevereiro m February
fiambre m ham
fibra sintética man-
  made fibre
ficar remain, stay
ficha f plug (elec)
fígado m liver
fila f queue (n), row (n)
filete m fillet
filha f daughter
filho m son
filial f branch (office)
filmar film (vb)
filme m film (n)
filme a cores colour
  film
filtro m filter
fim m end
fim de semana
  weekend

finalmente eventually
fino/a fine (adj)
fisco receiver (tax)
fita f tape, ribbon
fita dental f dental floss
fita métrica tape
  measure
fita-cola f adhesive
  tape
flanela f flannel
flor f flower
florista f florist
fluente fluent
fogão m cooker
fogão a gás gas
  cooker
fogo m fire
folha f leaf
folha de louro bay leaf
folheto m leaflet
fonte f fountain
fora (de) out, away
fora de moda old-
  fashioned
fora do vulgar unusual
floresta f forest
forma f form (shape)
formal formal
formar bicha
  queue (vb)
formiga f ant
formoso/a handsome
forno m oven
forno microondas
  microwave oven
fortaleza f fortress
forte m/f strong, tough

fósforos matches
  (for lighting)
fossa séptica septic
  tank
foto f photo
fotocópia f photocopy
fotografar
  photograph (vb)
fotografia f
  photograph (n)
fraco/a weak
fractura f fracture
frágil m/f breakable,
  fragile
fralda f diaper, nappy
fraldas descartáveis
  disposable diapers/
  nappies
framboesa f raspberry
França France
Francês/Francesa
  French, Frenchman/
  woman
frango m chicken
franquia f postage
frasco m flask, jar
frase f sentence
  (grammar)
frente f front
frequente frequent
fresco/a cool, fresh
frete m fare
frigideira f frying pan
frigorífico m fridge
frio/a cold
fritar fry
frito/a fried

fritura f doughnut, fried food
fronha f pillowcase
fronteira f border
fruta f fruit
fuga leak (n)
fumar smoke (vb)
fumo m smoke (n)
funeral m funeral
funicular m funicular
furo m puncture, hole
furúnculo m boil (n)
fusível m fuse
futebol m football
futuro m future

G
gaivota f seagull
galão m gallon
galeria f gallery
Galês m, **Galesa** f
   Welsh, Welshman, Welshwoman
galinha f chicken
gancho m hook
ganhar win
ganso m goose
garagem f garage
garantia f guarantee
garfo m fork
garganta f throat
garrafa f bottle
gás m gas
gasóleo m diesel
gasolina f fuel, petrol
gasolina sem chumbo
   unleaded petrol
gasoso/a fizzy

gastar spend (money)
gato/a m/f cat
gatuno/a pickpocket
gaveta f drawer
geada f frost
gelado m ice cream
geleia f jelly
gelo m ice
gema f yolk
gémeos/as twins
Genebra Geneva
generoso/a generous
genro m son-in-law
gente f folk, people
genuíno/a genuine
geral general
gerente m/f manager
gesso m plaster
ginásio m gym
glaciar m glacier
gola f collar
goma de mascar
   chewing gum
gordo/a fat
gorduroso/a fatty, greasy
gorjeta f gratuity, tip
gorro m cap
gostar like (vb)
gosto m taste (n)
gota f drop (n)
gotas para os olhos
   eye drops
gotejar leak, drip (vb)
Gótico/a Gothic
governo m government
gozar enjoy

Grã-Bretanha Great
  Britain
gradualmente
  gradually
grama m gram
gramática f grammar
grampar staple (vb)
grande big, grand,
  great, large
grande armazém
  department store
granizo m hail
grau m degree
  (measurement)
gravador m tape
  recorder
gravata f tie
grávida pregnant
graxa f polish (n)
Grécia Greece
Grego/a Greek
grelhado/a grilled
greve f strike (n)
gripe f flu
gritar shout (vb)
grito m shout (n)
groselha negra
  blackcurrant
groselha vermelha
  redcurrant
grupo m group
gruta f cave
guarda m/f guard
guarda costeira
  coastguard
guarda de segurança
  security guard

guarda-chuva m
  umbrella
guardanapo m napkin,
  serviette
**guardanapos de
  papel** paper napkins
guardar keep
guardar à chave
  lock in
guarda-roupa m
  wardrobe
guarda-sol m
  sunshade, parasol
Guarde o troco! Keep
  the change!
guerra f war
guia m/f guide
guia de turismo guide
  book
guia turístico/a tour
  guide
guiar lead, drive (vb)
guisado m stew
guitarra f guitar
gusano maggot

H
Há algum problema?
  What is wrong?
há uma semana
  a week ago
habitual usual
hambúrguer m
  hamburger
helicóptero m
  helicopter
hérnia f hernia
herpes-zóster shingles

hidrofobia f rabies
hidrofólio m hydrofoil
hipódromo m race course
história f history
histórico/a historic
hoje today
Holandês/Holandesa m/f Dutch, Dutchman, Dutchwoman (adj, n)
homem m man
homens men
homossexual m gay, homosexual
honesto/a honest
hora f hour, time
hora de abertura opening time
horário m timetable
horas de visita visiting hours
horrível awful
hortaliceiro/a greengrocer
hortelã mint
hospedaria f hostel, inn
hóspede m/f guest
hospital m hospital
hospitalidade f hospitality
humidade f moisture
húmido/a damp (adj), humid
humor m humour
Húngaro/a Hungarian
Hungria Hungary

I
iate m yacht
icterícia f jaundice
idade f age
ideia f idea
idioma m language
idoso/a senior citizen
ignição f ignition
igreja f church
ilha f island
iluminar light (vb)
imagem f picture
íman m magnet
imediatamente immediately, straightaway
imobilizador de rodas de carro wheel clamp
impedir de entrar lock out
impermeável m raincoat
importante great, important
impossível impossible
imposto m tax
Imposto sobre o Valor Acrescentado Value Added Tax
impresso m form (document)
impresso de registo registration form
impressos mpl printed matter
imprimir print (vb)
inchaço m lump, swelling

inchado/a swollen
inchar swell
incluído/a included
incomodar annoy,
   disturb
incómodo/a
   uncomfortable, trouble
inconsciente
   unconscious
inconveniência f
   inconvenience
incrível incredible
independente self-
   sufficient, independent
Indiano/a Indian
indicador/a indicator
**indicador do nível do
   combustível** fuel
   gauge
indicar point (vb)
indigestão f indigestion
infantário m crèche
infecção f infection
inflamação f
   inflammation
informação f enquiry,
   information
informal informal
informar inform, report
Inglaterra England
Inglês m English
   (language)
**Inglês, Inglês/
   Inglesa m/f** English,
   Englishman/woman
ingredientes mpl
   ingredients
íngreme steep

injecção f injection
insecto m insect
insistir insist
insolação f sunstroke
insónia f insomnia
inspeccionar inspect
instalação f connection
   (phone), installation
insulina f insulin
inteiro/a whole (adj),
   entire
inteligente clever,
   intelligent
intercepção f
   interseption
interessante
   interesting
internacional
   international
intérprete interpreter
interruptor m switch
interruptor principal
   mains switch
intervalo m interval
intoxicação alimentar
   food poisoning
introduzir bring in,
   introduce
inundação f flood
inválido/a disabled,
   handicapped
inverno m winter
inverso m inverse
investigação f
   investigation
ir go
Irlanda Ireland

167

Irlanda do Norte
  Northern Ireland
Irlandês, Irlandesa
  Irish, Irishman/woman
irmã f sister
irmão m brother
irritado angry, irritated
irritar annoy
ir-se embora go away
isca f bait
isento de direitos
  duty-free
isolado/a secluded
isqueiro m cigarette
  lighter
isto this
Itália Italy
Italiano m Italian
  (language)
Italiano/a Italian (adj, n)
IVA VAT

J

já already
Janeiro January
janela f window
jantar m dinner
jaqueta f jacket
jardim m garden
jardim zoológico zoo
jarro m jug
javali m boar
joalharia f jeweller's
joelho m knee
jogar play (vb)
jogo m game
jogo de futebol
  football match

jóias fpl jewellery
jornada journey
jornal m newspaper
jovem young
Judeu/Judia, Judaico/a
  Jew (n), Jewish (adj
juiz m judge
Julho July
junção f junction
Junho June
junto a beside
juntos/as together
juntura joint
justo/a fair, just

L

lã f wool
lá fora outside
laço m bow, bow tie
laço-gravata bow tie
lado m side
ladrão/ladroa m/f
  burglar, thief
ladrar bark (vb)
lago m lake
lagosta f lobster
lama f mud
lâmina de barbear
  razor blade
lâmpada f light bulb,
  lamp
lancha f dinghy,
  motorboat
lanche snack
lanterna torch
lanterna de bolso
  flashlight
lápis m pencil

laranja f orange
largo/a wide
larva larva, maggot
lasca f splinter
lata f can (n), tin
lavabo m lavatory
lavagem de carros
   car wash
lava-louça m
   kitchen sink
lavandaria f laundry
lavandaria automática
   launderette, laundromat
lavar wash
lavar e pentear
   shampoo and set
lavatório m lavatory
lavrador/a farmer
laxante m laxative
leão m lion
legenda f subtitle
lei f law
leite m milk
leite em pó powdered
   milk
leitor de CDs
   CD player
lembrança f souvenir
lembrar remember
leme m rudder
lenço de bolso
   handkerchief
lenço de papel tissue
lenço de pescoço
   scarf
lençol m sheet
lentamente slowly
lente m lens

lentes m/f lenses
lentes de contacto
   contact lenses
lentilha f lentil
lento/a dull, slow
ler read
lesbiana f lesbian
leste m east
Letónia Latvia
levantar lift (vb)
levantar-se get up
levar take
leve light (adj, weight)
lhe to her, to him
lhes to them
libra f pound
lição f lesson
licença f licence
licença de caça
   hunting permit
licença de pesca
   fishing permit
licor m liqueur
licores mpl liqueurs,
   spirits (drink)
ligadura f dressing,
   bandage
ligar join, switch on
lima f file (tool), lime
lima de unhas nail file
limão m lemon
limite de velocidade
   speed limit
limonada f lemonade
limpa-pára-brisas m
   windscreen wiper
limpar clean (vb)

limpeza a seco dry cleaning
limpo/a clean (adj)
lindo/a beautiful
língua f tongue, language
linguado m sole (fish)
linha f line, thread
linho m linen
liquido para embeber soaking solution
lista f list
lista telefónica telephone directory
liteira f couchette
litoral m shore, seaside
litro m litre
Lituânia Lithuania
livraria f bookshop
livre free
livro m book
livro de cheques cheque book
livro de frases phrase book
lixo m litter (n), trash, refuse (n), rubbish
lobo/a wolf
local local (adj), place (n)
loção de bronzear suntan lotion
loção de limpeza cleansing lotion
logo later
loja f shop, food shop
loja 'Faça-Você-Mesmo' DIY shop

loja de alimentos naturais health food shop
loja de ferragens hardware shop
longe far (adj), away
longo/a long (adj, size)
louça f crockery
louco/a crazy
louro/a blonde, bay leaf
lua f moon
lua de mel honeymoon
lugar m place (n), seat
lugar à janela window seat
lugar de veraneio resort
lugar na coxia aisle seat
lupa f magnifying glass
luta f fight (n)
lutar fight (vb)
luvas fpl gloves
Luxemburgo Luxembourg
luxo m luxury
luz f light (n)
luz do sol sunshine
luz dos travões brake light

M
macaco m monkey, jack (car)
macio/a soft
maço packet (cigarettes)
madeira f wood
madrasta f stepmother

maduro/a ripe
mãe f mother
magoar hurt (vb)
magro/a low fat, thin
Maio May
maiô swimming costume
maionese f mayonnaise
maior bigger, greater
maior de idade of age, adult
mais more
mais barato cheaper
mais distante further
mais tarde afterwards, later
mal passado/a medium rare (steak)
mala f suitcase
mal-entendido m misunderstanding
maluco/a mad
mancha f stain
mangueira f hose pipe
manhã f morning
manta f blanket
manteiga f butter
manual manual
mão f hand
mapa m map
mapa de estradas street map
mapa rodoviário road map
máquina f machine
máquina registadora cash register

mar m sea
Mar Báltico Baltic Sea
Mar do Norte North Sea
marca f brand
marcar dial (vb), set
Março March
maré tide
maré alta high tide
maré baixa low tide
margem f border
marido m husband
marinha mercante merchant navy
marisco m shellfish
mármore m marble
martelo m hammer
mas but
máscara f mask
masculino m male
mastro m mast
matar kill
matrícula m number plate
mau/má bad, mean, nasty
maxila f jaw
me me
mecânico/a mechanic
média f average
medicamento m medicine (drug)
medicina f medicine (science)
médico/a doctor
medida f measure (n)
medieval medieval
médio/a medium

medir measure (vb)
Mediterrâneo m Mediterranean
medusa jellyfish
meia f stocking
meia-calça pantyhose
meia-noite f midnight
meias fpl socks, stockings
meio middle
meio/a half (adj)
meio cru underdone
meio seco medium dry (wine)
meio-dia m midday
mel m honey
melancia m watermelon
melão f melon
melhor better
melhorar improve
mencionar mention
Menina f Miss, Ms
meningite f meningitis
menos less
mensagem f message
menta mint
mente f mind
mentir lie (vb)
mentira f lie (n, untruth)
mercado m market
merenda snack
merengue m meringue
mergulhar dive
mergulho submarino scuba diving
mês m month
mesa f table

mesmo/a same
mesquita f mosque
metade half (n)
metal m metal
metro m metre, metro, subway, underground
meu my, mine
mexilhão m mussel
mil thousand
milha f mile
minha my, mine
ministro m minister
minúsculo/a tiny
minuto m minute
míope short-sighted
missa f Mass (rel)
misturar mix (vb)
mobilado/a furnished
mobília f furniture
mochila f backpack
modesto/a simple
moeda f coin, currency
mola f peg
mola da roupa clothes peg
molhado/a wet
molho m bunch (keys), sauce
molho da salada salad dressing
molho de carne gravy
momento m moment
monótono/a dull
montanha f mountain
montante m amount
montra shop window
monumento m monument

morango m strawberry
morder bite (vb)
morrer die
morte f death
morto/a dead
mosquito m mosquito
mostarda f mustard
mosteiro m abbey,
  monastery
mostrar show (vb)
motocicleta f
  motorbike
motor m engine,
  motor
mover move
Muçulmano/a Muslim
mudar de casa move
  house
muitas vezes often
muito/a a lot, much,
  very
muito bem all right,
  okay
muito tempo a long
  time
muitos/as many
muletas fpl crutches
mulher f woman
multa f fine (n)
**multa de
  estacionamento**
  parking ticket
multidão f crowd
mundo m world
músculo m muscle
museu m museum
músico/a musician

N
na moda fashionable
nacional national
nacionalidade f
  nationality
nada nothing
nada mais nothing else
nadar swim
namorada f girlfriend
namorado m boyfriend
não no, not
não faz mal it doesn't
  matter
não poderia couldn't
não-fumador non-
  smoking
nariz m nose
nascido/a born
nascimento m birth
Natal m Christmas
natural natural
natureza f nature
náusea f nausea
navegação f naviga-
  tion, sailing
navegar navigate, sail
neblina f mist
necessário/a
  necessary
necessidade f need (n)
necessitar need (vb),
  require
negativo m negative
  (photo)
negócios mpl business
nem ... nem neither ...
  nor
nenhum/a none

Neozelandês New
Zealander
neta f granddaughter
neto m grandson
neve snow
nevoeiro m fog
ninguém nobody
ninho m nest
no estrangeiro abroad
no fundo at the bottom
no início at first
noite f evening, night
Noite de Natal
Christmas Eve
noiva f bride
noivo m bridegroom
noivo/a engaged (to be
married), fiancé, fiancée
nome m name
nome de baptismo
Christian name
nome de solteira
maiden name
nora f daughter-in-law
normalmente usually
norte m north
Noruega Norway
**norueguês/
norueguesa**
Norwegian
nós us, we
nosso/a our
nota f note
notícias fpl news
Nova Zelândia New
Zealand
Novembro m
November

novo/a new
noz f nut, walnut
número m number
**número de
identificação
pessoal** pin number
número de registo
registration number
número de telefone
phone number
número ímpar odd
number
nunca never
nuvem f cloud

O
o/a m/f it (direct object),
the
obras na estrada
road works
obrigatório/a
compulsory
obstipado/a
constipated
obstruído/a jammed
obter get, obtain
obturação f filling
(tooth)
oceano m ocean
oculista m/f optician
óculos mpl glasses,
spectacles
óculos de sol
sunglasses
óculos protectores
goggles
ocupação f occupation

ocupado/a busy, engaged, occupied
oeste m west
oferecer present (vb)
oferta f gift
oftalmologista m/f ophthalmologist
óleo m oil
óleo dos travões brake fluid
olhar look at, watch (vb)
olho m eye
ombro m shoulder
omelete f omelette
onda f wave
Onde? Where?
ontem yesterday
ontem à noite last night
ópera f opera
operação f operation
operador de turismo tour operator
oposto/a opposite
óptimo excellent, all right
orar pray
ordem f order (n)
orelha f ear
orquestra f orchestra
os dois both
osso m bone
ou or
ou ... ou either ... or
ouro m gold
outono m autumn
outra vez again
outro/a other, another
Outubro m October

ouvido m ear
ouvir hear, listen
ovelha f sheep
ovo m egg
ovo de Páscoa Easter egg
ovos mexidos scrambled eggs
oxalá hopefully

P
pá f spade
pá do lixo dustpan
padaria f bakery
padrão m pattern, standard
padrasto m stepfather
padre m priest
pagamento m payment
pagar pay
página f page
páginas amarelas yellow pages
pago/a paid
pai m father
pais mpl parents
país m country
País de Gales Wales
paisagem f scenery
Países Baixos Netherlands
palácio m palace
palavra f word
palavrão m swear word
palavras cruzadas fpl crossword puzzle
palha f straw
pálido/a pale

palito m toothpick
panfleto m brochure
pano m cloth
pano da louça
  dishtowel
pano do chão m
  floorcloth
pano do pó duster
panqueca f pancake
pântano m marsh
pão m bread
pão de centeio rye
  bread
pão integral
  wholemeal bread
pão-de-ló m sponge
  cake
pãozinho m bread roll
papeira f mumps
papel m paper
papel de alumínio
  tinfoil
papel de carta
  notepaper
papel de embrulho
  wrapping paper
papel de escrever
  writing paper
papelão m cardboard
papelaria f stationer's
papoila f poppy
paquete m packet, liner
par m pair
para for, to
para a esquerda
  to the left
para além de beyond
para cima up, upwards

Parabéns!
  Congratulations!
pára-brisas m
  windscreen
pára-choques mpl
  bumper, fender
parafuso m screw
paragem de
  autocarro bus stop
parar stop
parede f wall
parente m/f relative,
  relation
parque park (n)
parque de campismo
  camp site, caravan site
parquímetro m parking
  meter
parte f part
parte de cima the top
partida f departure
partido m party
  (political), broken
partir depart
Páscoa f Easter
Páscoa Feliz! Happy
  Easter!
passa f raisin
passadeira de peões
  pedestrian crossing
passado m past
passado demais
  overdone
passageiro/a
  passenger
passagem f aisle
passagem de nível
  level crossing

passaporte m
passport
passar pass (vb),
spend (time)
passar a ferro
iron (vb)
pássaro m bird
passeio m pavement,
sidewalk, tour
passeio a cavalo
horse riding
passo m step
pasta f briefcase
pastel m pastry, pie
pastelão m pie
pastelaria f cake shop
pastilha elástica
chewing gum
**pastilhas para a
garganta** throat
lozenges
patim m skate (n)
patinar skate (vb)
patins mpl skates
pátio de recreio
playground
pato/a m/f duck
pé m foot
peão m pedestrian
peça f piece
peça de teatro play
(n, theatre)
peça sobresselente
spare part
peças do carro car
parts
peculiar peculiar
pedaço m lump, piece

pedal m pedal
pedido m request (n)
pedir request (vb)
pedir boleia hitch-hike
pedir emprestado
borrow
pedra f stone
peito m breast, chest
peixaria f fishmonger's
peixe m fish
pela encosta abaixo
downhill
pele f fur, leather, skin,
peel (n)
película f film (n)
pena pity, feather
peneira f sieve
penhasco m cliff
península f peninsula
pensão f bed &
breakfast, boarding
house
pensão completa full
board
pensar think
pensos higiénicos
sanitary pads
pente m comb (n)
pentear comb (vb)
pepino m cucumber
pequeno/a little, small
pequeno-almoço m
breakfast
pêra f pear
Perdão? Pardon?
perder lose
perdido/a lost, missing
perfeito/a perfect

perfume m perfume
pergunta f question
perguntar ask
perigo (n) danger
perigoso/a dangerous
período m period
permanecer remain
permanente f
  constant, perm
permitir allow, permit,
  let (vb)
perna f leg
pernoita f stopover
pérola f pearl
persiana f blind (n),
  shutter
perto near, nearby
peru m turkey
peruca f wig
pés mpl feet
pesado/a heavy
pesar weigh
pescoço m neck
peso m weight
pêssego m peach
pessoa f person
pessoas fpl people
pia de cozinha sink
piano m piano
picada de insecto
  insect bite
picadela f sting (n)
picar sting (vb)
picheleiro/a plumber
pico peak
pijama m pyjamas
piloto m pilot
pílula f pill

pimenta f pepper
  (spice)
pimento m pepper
  (vegetable)
pinças fpl tweezers
pingar leak, drip (vb)
pintar paint (vb)
pintura f paint (n)
pior worse
pique peak
piquenique m picnic
pires m saucer
piscina f pool
piscina coberta indoor
  pool
piso m storey
pista de gelo ice rink
pista de patinagem
  skating rink
placa de sinalização
  road sign
plano plan (n), even (adj)
planta f plant
plástico/a plastic
plástico para envolver
  cling film
pneu m tyre
pneu em baixo flat tyre
pneu sobresselente
  spare tyre
pó m dust, powder
pó de talco talcum
  powder
pobre poor
  (impecunious)
poder can (vb), may,
  might, power
Poderia? Could I?

podre m/f rotten
poeira f dust
Polaco/a Pole, Polish
polegada f inch
polegar m thumb
polícia f police
polir polish (vb)
Polónia Poland
poltrona f armchair
poluído/a polluted
pomada f ointment
pontada f stitch, twinge
ponte f bridge
ponto m point (n)
população f population
popular popular
por by, per, through
pôr put
por aqui this way
por causa de
  because of
pôr do sol m sunset
por exemplo for
  example
por favor please
por mês monthly
porca f nut (for bolt)
porção f portion
porcelana f china
porco/a pig
pormenores mpl
  details
porque because
Porquê? Why?
porta f door
porta-bagagem m
  roof-rack

porta-bagagens f
  luggage rack
portagem f toll
porta-moedas m
  purse
portão m gate
porteiro m doorman
porteiro/a caretaker,
  porter
porto m harbour, port
Portugal Portugal
português,
  portuguesa
  Portuguese
posição social status,
  standing
possível possible
Posso? May I? Could I?
poste sinalizador
  signpost
pouco a pouco
  gradually
pouco fundo/a shallow
poucos/as few
pousada da juventude
  youth hostel
praça f square (n)
praça de táxis taxi
  rank
praguejar swear
  (curse)
praia f shore, beach
praia nudista nudist
  beach
prancha de natação
  diving board
prancha de surf
  surfboard

prata f silver
prateleira f shelf
prática f practice
praticar practise
prato m dish, plate
prato principal main course
Prazer em conhecê-lo/a! Pleased to meet you!
preço m price
preço barato cheap rate
preço de entrada entrance fee
preencher fill, fill in, complete (vb)
preferido/a favourite
preferir prefer
prego m nail, steak roll
preguiçoso/a lazy
prémio m prize
prenda f present (n)
prenda de anos m birthday present
prenda de casamento wedding present
prender arrest, fasten
preocupado/a worried
presente present (adj)
presente m gift, present (n)
preservativo m condom
pressão f pressure
pressão dos pneus tyre pressure

prestar juramento swear (an oath)
preto/a black
previsão do tempo weather forecast
primavera f spring (season)
primeira classe first class
primeiro/a first
primeiro andar first floor
primeiro ministro prime minister
primeiro nome first name
primeiros socorros mpl first aid
primo/a m/f cousin
principal main
principalmente mostly
principiante m/f beginner
prisão f prison
privado/a private
problema m problem
problemas mpl trouble, ills
procurar look for
professor/a teacher
profundo/a deep
programa m programme, program
proíbido/a forbidden, prohibited
promessa f promise (n)
prometer promise (vb)
pronto/a ready

pronto-socorro m
breakdown van
pronunciar pronounce
propriedade perdida
lost property
proprietário/a m/f
landlord/landlady, owner
protestante m/f
Protestant
provar try on
provavelmente
probably
próximo near, nearby
próximo/a next
público/a public
pudim m pudding
pulga f flea
pulmão m lung
pulôver m pullover
pulseira f bracelet
pulseira de relógio
watch strap
pulso m wrist
puré de batata
mashed potatoes
purpúreo/a purple
puxador m handle
puxar pull

Q
quadrado/a
square (adj)
quadro m painting,
picture
quadro de avisos
noticeboard
Qual? Which?
qualidade f quality

qualquer coisa
anything
qualquer pessoa
anybody
Quando? When?
quantidade f amount,
quantity
Quanto custa? How
much is it?
Quantos? How many?
quarentena f
quarantine
Quarta-feira f
Wednesday
quarto m quarter, room
quarto de banho m
bathroom, toilet
quarto de casal
double room
quarto individual
single room
quarto livre vacancy
quase almost, nearly
Quê? What?
Que horas são?
What's the time?
Que pena! It's a pity!
Que se passa? What's
the matter?
que vale a pena worth
quebrado broken
quebrar break (vb)
queijo m cheese
queimadura f burn
queimaduras do sol
sunburn
queimar burn (vb)
queixa f complaint

queixar-se complain
queixo m chin
Quem? Who?
quente hot, warm
querer want
querido/a dear
questão f question, issue
quilo m kilo
quilograma m kilogram
quilómetro m kilometre
quinta f farm
Quinta-feira f Thursday
quinzena f fortnight
quiosque m kiosk, news stand
quisto m cyst

R
rã f frog
rabanete m radish
raça f race (people)
radiador m radiator
rádio m radio
rainha f queen
raio m ray (sunlight), spoke (of wheel)
raio-X m X-ray
raiva f rabies
ralado/a grated
rampa para principantes nursery slope
rançoso/a stale, rancid
rapariga f girl
rapaz m boy
rápido/a fast
raposa f fox

raptar kidnap
rapto m kidnapping
raqueta f racket
raqueta de ténis tennis racket
raro/a rare
rasgado/a torn
rasgão m tear (n)
rasgar tear (vb)
ratazana f rat
rato m mouse
razoável reasonable
real real, royal
realmente really
rebentar burst
rebocar tow
reboque m trailer
rebuçados m candy
recarregar recharge
receber collect
receio fear
receita f prescription, recipe
recentemente recently
recepção f reception
recepcionista m/f receptionist
recheio m filling (sandwich)
recibo m receipt
recipiente para gasolina petrol can
reclamação de bagagem baggage reclaim
recomendar recommend
reconhecer recognize

recusar refuse (vb)
rede f net, web
redondo/a round
redução f reduction
reduzir reduce
reembolso m
  refund (n)
refeição f meal
reformado/a retired
refractário/a
  ovenproof
refrigerante soft drink
regato m stream
região f region
região rural
  countryside
registar record,
  register (vb)
registo m record
  (n, legal), register (n)
regressar come back,
  return
régua f ruler (for
  measuring)
regulador cardíaco
  pacemaker
rei m king
Reino Unido United
  Kingdom
relâmpago m flash,
  lightning
relatório m report (n)
relógio m clock,
  watch (n)
relva f grass
remar row (vb)
remendar mend
remo m oar

renda f lace, rent (n)
reparação f repair (n)
reparar repair (vb)
repelente de insectos
  insect repellent
repetir repeat
repleto/a crowded,
  full up
representação f
  performance
**representante de
  vendas** sales
  representative
República Checa
  Czech Republic
República Eslováquia
  Slovak Republic
rés-do-chão ground
  floor
reserva f reservation,
  reserve
reserva natural nature
  reserve
reservar reserve
resgate m rescue (n)
residente m/f
  resident (adj, n)
resolver solve, sort out
respirar breathe
responder answer,
  reply (vb)
resposta f answer,
  reply (n)
ressaca f hangover
ressonar snore (vb)
resto m rest
  (remainder)
retrato m portrait

reumatismo m
  rheumatism
reunião f meeting
revelação exposure
revelação dos
  negativos film
  processing
revelar develop,
  disclose
revés m reverse (n)
revisor/a ticket collector
revista f magazine
revoltante m/f revolting
rezar pray
rico/a rich
ridículo/a ridiculous
rim m kidney
rímel m mascara
rio m river
rir laugh (vb)
riso m laugh (n)
roda f wheel
rodeado/a surrounded
rolar roll (vb)
romance m novel,
  romance
rombo/a blunt
rosa f rose (flower)
rotunda f roundabout
roubado/a mugged,
  stolen
roubar steal
roubo m break-in,
  burglary, rip-off, theft
rouge m blusher
roupa f clothing
roupa de cama linen,
  bed linen

roupa de homem
  menswear
roupa de malha
  knitwear
roupa de senhora
  ladies' wear
roupa interior lingerie,
  underwear
roupão m dressing
  gown
roupas fpl clothes
roxo/a purple
rua f street
rua de sentido único
  one-way street
rua principal main road
rubéola f German
  measles, rubella
ruela f lane
rugas fpl wrinkles
ruidoso/a loud
ruína f ruin
rum m rum

S
sábado m Saturday
sabão m soap
sabão em pó soap
  powder, washing
  powder
saber know
sabor m flavour
saca-rolhas m
  corkscrew
saco m bag, carrier bag
saco de água quente
  hot-water bottle

saco de dormir sleeping bag

saco de plástico plastic bag

sacudir shake

sagrado/a holy

saia f skirt

saída f exit

saída de emergência emergency exit, fire exit

sair leave

sal m salt

sala de embarque departure lounge

sala de espera waiting room

sala de estar living room, lounge

sala de jantar f dining room

salada f salad

salão m hall, lounge

salão de beleza beauty salon

salão municipal town hall

salário m wage, salary

salgado/a savoury

salmão m salmon

salmão fumado smoked salmon

salsicha f sausage

saltar jump (vb)

salto m heel, jump (n)

salto de esqui ski jump

salvar save

sandálias fpl sandals

sandes f sandwich

sanduíche f sandwich

sangrar bleed

sangue m blood

sanitários m cloakroom

são are

sapato m shoe

sapo m toad

saquinho de chá tea bag

sarampo m measles

saudação f greeting

saudades fpl homesickness, nostalgia

saudável healthy

se if

se não if not

secador m dryer

secador de cabelo hairdryer

secadora f spin-dryer

secar blow-dry

secção f department

seco/a dry

secretária f desk

secretário/a m/f secretary

século m century

seda f silk

seguinte next

seguir follow

segunda classe second-class

segunda mão second-hand

Segunda-feira f Monday

segundo/a second

PORT

segurar hold
seguro/a safe (adj), sure
seguro m insurance
seguro contra terceiros third-party insurance
seguro de automóveis car insurance
seguro de vida life insurance
seguro médico medical insurance
seio m breast, bosom
seixos shingle
sela f saddle
selo m stamp, postage stamp
sem without
sem açúcar sugar-free
sem álcool non-alcoholic
sem chumbo lead-free
sem limite unlimited
semáforo m traffic light
semana week
semanalmente weekly
semelhante similar
sempre always
sempre a direito straight on
senão otherwise
Senhor m Mr
senhora f lady
Senhora f Mrs
senhoras ladies' toilet
Senhorita f Miss, Ms

sentar-se sit
sentença f sentence (law)
sentir feel
separar separate (vb)
séptico/a septic
ser be
sério/a serious
serviço m service
serviço de câmbio bureau de change
serviço de entrega/courier courier service
Setembro September
seu his/her
sexo m sex
sexta-feira f Friday
Sexta-feira Santa Good Friday
sidra f cider
significar mean (intend)
silêncio m silence
sim yes
simpático/a friendly, nice
simples plain, simple
sinagoga f synagogue
sinal m signal
sinal de marcar dialling tone
sinal de paragem stop sign
sino m bell
só alone, only (adv), single
sob under
sobre above, on, over

sobremesa f dessert, pudding
sobretudo m overcoat
sobrinha f niece
sobrinho m nephew
sóbrio/a sober, restrained
sócio/a partner (business)
socorrer rescue (vb)
socorrista m/f lifeguard
Socorro! Help!
socorro para alpinistas mountain rescue
soda f soda
sofá m couch
sogra f mother-in-law
sogro m father-in-law
sogros mpl in-laws, parents-in-law
sol m sun
sola f sole (shoe)
soletrar spell
solicitação f request (n)
solicitar request (vb)
solteiro/a single
solto/a loose
solúvel soluble
sombra f shade
sombra dos olhos eye shadow
somente only (adj), just
sonolento/a sleepy
sopa f soup
sorrir smile (vb)

sorte f luck
sótão m attic
sotaque m accent
soutien m bra
sua his/her
suar sweat (vb)
suave soft
subir climb, get on
substituição da cabeça do fémur hip replacement
subterrâneo/a underground (adj)
subúrbio m suburb
Suécia Sweden
Sueco/a Swedish, Swede (adj, n)
suéter jumper
suficiente enough, plenty
Suíça Swiss, Switzerland
Suíço-Alemão Swiss-German
sujar litter (vb)
sujo/a dirty, filthy
sul m south
sul-africano/a South African
sumo m juice
sumo de fruta fruit juice
sumo de laranja orange juice
sumo de tomate tomato juice
suor m sweat (n)
superior m/f up-market

suplemento m
supplement

surdo/a deaf

surpreendente
astonishing

suspensão f
suspension

T

tábua de engomar
ironing board

taça f bowl, cup

taco de golfe golf club
(stick)

talheres mpl cutlery

talvez maybe, perhaps

tamanho m size

tâmara f date (fruit)

também also, too

tampa f lid

tampão m plug (bath),
tampon

tangerina f tangerine

tanque m tank

tapete m rug

tarde afternoon, late

tardinha f early evening,
late afternoon

tarifa f fare

tarifa de estação alta
peak rate

táxi m cab, taxi

taxista m/f taxi driver

teatro m theatre

tecido m cloth, fabric,
material

tecto m ceiling

teia f web

tejadilho de abrir
sunroof

teleférico m cable car

telefonar ring,
phone (vb)

telefone m phone,
telephone (n)

telefone público
payphone

telefonema m
telephone call

telefonista m/f
operator (phone)

telemóvel m mobile
phone

televisão f television

telhado m roof

temperatura f
temperature

tempero m seasoning,
salad dressing

tempestade f storm

templo m temple

tempo m time, weather

temporário/a
temporary

tencionar intend

tenda f stall, tent

tendão m tendon

tenho dor it's sore

ténis m tennis

tensão voltage, tension,
pressure

tensão arterial blood
pressure

**tensão arterial
elevada** high blood
pressure

tentar try
ter have
ter de have to
ter medo de be afraid of
ter um colapso collapse (vb)
termas fpl hot spring
terminal m terminal
terminar finish (vb)
termómetro m thermometer
terra f earth, ground, land
terramoto f earthquake
terrível awful, dreadful
tesoura f scissors
tesourinha de unhas nail scissors
testa f forehead
testemunha f witness
tetina f teat (bottle)
teu/tua your, yours
tia f aunt
tijolo m brick
tingir dye (vb)
tinta f dye, ink, paint (n)
tio m uncle
típico typical
tipo m sort, type
título m degree (qualification), title
toalha f towel
toalha de mesa tablecloth
tocar touch, play (vb)
todavia still (yet)
todo/a whole (n)

todos/todas everyone
tolerar tolerate
tolo/a crazy, silly
tomada f plug, socket (elec)
tomar take
tomate m tomato
tonsilite f tonsillitis
topless topless
torcer sprain (vb)
tornozelo m ankle
torre f tower
tosse f cough (n)
tossir cough (vb)
total m total
toucador m toilet
toucinho fumado m bacon
trabalhador autónomo self-employed
trabalhar work (vb)
trabalho m job
trabalho doméstico housework
traça f moth
tradução f translation
tradutor/a translator
traduzir translate
tráfego m traffic
tráfico m traffic (shady business)
trança f plait
tranquilo/a quiet, still
trapo m rag
tratado m deal
travão m brake (n)

travão de mão handbrake

trazer bring, fetch

trenó m sledge

tricotar knit

triste gloomy, painful, sad

trocar change (vb)

troco m change (n)

trólei para bagagem luggage trolley

trote m jog (n)

trovão m thunder

trovoada f thunderstorm

truta f trout

tu you (sing)

tubo m tube

tubo de escape exhaust pipe

tubo de respiração snorkel

tudo everything

tudo junto altogether

túnel m tunnel

turco/a Turkish, Turk

turismo sightseeing

turquesa f turquoise

Turquia Turkey

U

úlcera f ulcer

último/a last

último andar top floor

ultrapassar overtake

um/a one, a

um pão a loaf

um pouco a bit

uma vez once

umas some

unha f nail

União Europeia EU

uniforme even (adj), uniform

universidade university

uns some

urgências casualty department

urgente urgent

urinol m gents' toilet

usar use (vb), wear

utensílios de cozinha cooking utensils

útero m uterus

útil useful

utilizar use (vb)

uvas fpl grapes

V

vaca f cow

vacina f vaccine

vagão m carriage

vagão-restaurante dining car

vale m valley, voucher

vale postal money order

válido/a valid

valioso/a valuable

valor m value

válvula f valve

vapor m steam

varanda f balcony

varicela f chicken pox

vários/as several

vassoura f broom
vasto great, vast
vazar pour
vazio/a empty
vedação f fence
vegetais mpl vegetables
vegetais orgânicos organic vegetables
vegetariano/a m/f vegetarian
veia f vein
veículo m vehicle
vela f candle
vela de ignição spark plug
velho/a ancient, old
velocidade f speed
velocímetro m speedometer
velódromo m cycle track
vencer win, fall due
venda f sale
vendedor/a salesperson
vendedora automática vending machine
vender sell
veneno m poison
venenoso/a poisonous
vento m wind
ventoinha f fan
ventoso/a windy
ver see, watch (vb)
verão m summer
verdade true

verde m/f green
verdureiro/a greengrocer's
vergonha f shame
vermelho/a red
verniz de unhas nail varnish
vertente de esqui ski slope
vespa f wasp
véspera de Ano Novo New Year's Eve
vestiário m changing room, cloakroom
vestíbulo m lobby
vestido m dress
vestir wear, dress (vb)
veterinário/a m/f vet, veterinarian
via f via
viagem journey
viagem de barco boat trip
viagem de negócios business trip
viajar travel
vida f life
Viena Vienna
vila town
vinagre m vinegar
vinhedos m vineyard
vinho m wine
vinho da casa house wine
vinho de mesa table wine
vinho do Porto port (wine)

PORT

PORTUGUESE → ENGLISH

vinho tinto red wine
violação f rape (n),
  violation
violar rape (vb), violate
violeta f violet
vir come
vírus m virus
visita f visit (n)
visitante m/f visitor
visitar visit (vb)
vista f scenery, sight,
  view
visto m visa
vitela f veal
vitela/o calf
vitrina shop window
viúva widow
viúvo widower
Viva! Cheers!
viveiro m nursery
  (plants)
viver live
vivo/a lively, alive
vizinho/a near (adj),
  neighbour (n)
voar fly (vb)
vocês you (pl)
volante m steering
  wheel
voltagem voltage
voltar come back, go
  back, turn
vomitar vomit (vb)
voo m flight
voo de ligação
  connecting flight

voo fretado charter
  flight
voo livre hang-gliding
Vou vomitar! I'm going
  to be sick!
voz f voice
vulcão m volcano
vulgar common
vulgarmente
  commonly

X
xadrez m chess
xaile shawl
**xarope contra a
  tosse** cough mixture
xerez sherry

Z
zangado/a angry,
  annoyed
zé-povinho the man in
  the street
zero m zero
zinco zinc
zona f zone
zonzo/a dizzy
zumbido buzzing
Zuriche Zürich